Ⅰ-1　1930 年　マイケル・ウィテクと家族のパスポート
ジョセフの顔に × 印がつけられた

Ⅰ-3　ジョセフ・クリロの兵役時代　（後列左から２人目がジョセフ）

Ⅰ-3　1938年　ジョセフとロージーの結婚式

Ⅰ-3　日本人整体師の林　啓造

Ⅰ-4　1949年頃　フレーザー川をロープウェイで渡る(左がジョセフ・クリロ)

Ⅰ-4　1943 年頃　ゲインフォード駅に立つロージーと長男エドワード

Ⅰ-4 1988 年　ジョセフとロージーの金婚式　3 人の子供や孫達と共に

Ⅰ-4　語り部となってくれた娘のヘレン・シェルフォード（2013 年）

Ⅱ -2　1926 年　リリアンの家族写真
（左からリリアン、父オスカー、母ダイナ、妹エドナ、祖父ジョージ。
叔母マルセール）

Ⅱ -3　1930 年代　草刈り作業をする父オスカー

Ⅱ -3　1934 年頃　入植地での納屋建築

Ⅱ-4　1938年頃　ガスノコギリを使った薪の伐り出し作業（左が父オスカー、左から３人目が祖父ジョージ）

Ⅱ-5　1944年　ピースリバーカントリー、ビターンレイク学校（右端がリリアン）

Ⅱ-6　母手作りのベッドカバーに腰かけるリリアン（2013年）

Ⅲ -1　1937 年春太郎とたみ子の結婚式

Ⅲ -1　1937 年　カナダ・バンクーバー到着直後の春太郎とたみ子

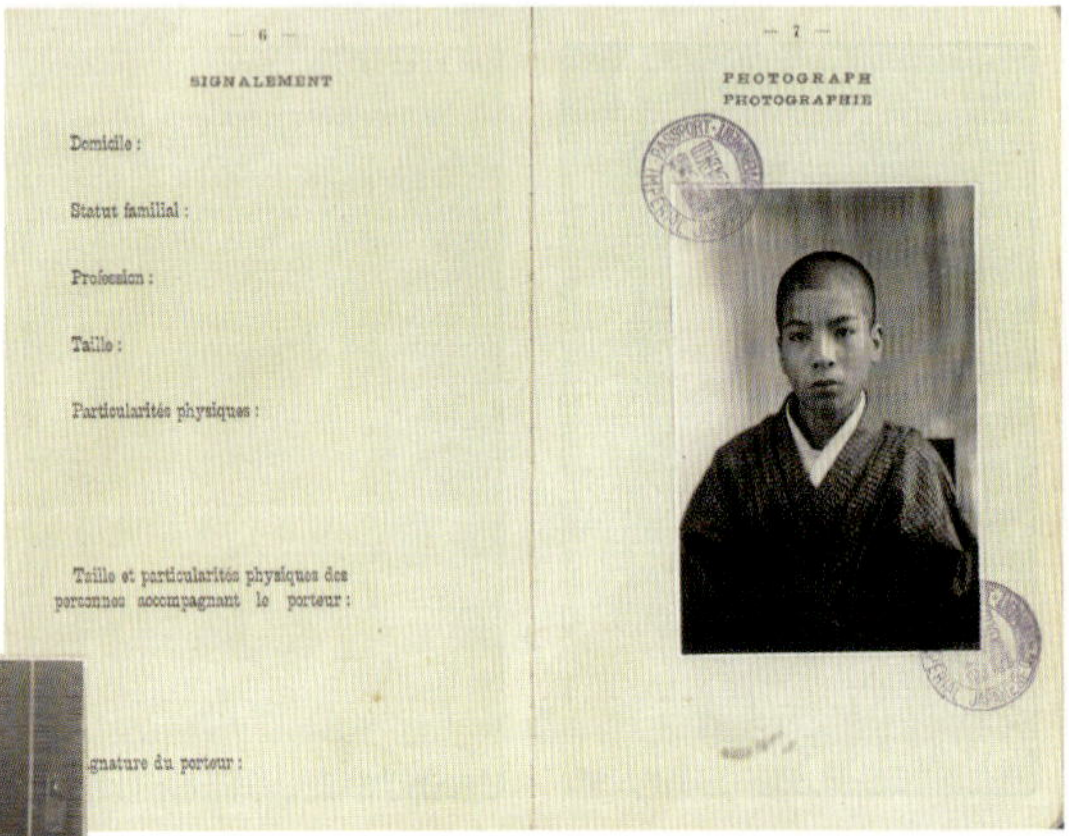

— 6 —

SIGNALEMENT

Domicile :

Statut familial :

Profession :

Taille :

Particularités physiques :

Taille et particularités physiques des personnes accompagnant le porteur :

…gnature du porteur :

— 7 —

PHOTOGRAPH
PHOTOGRAPHIE

Ⅲ -2　1927 年　春太郎のパスポート

Ⅲ -2　春太郎の父新太郎と母ひさ

Ⅲ -4 1950 年頃
ヨークカフェにて
（後列左端が春太郎）

Ⅲ -3　強制移動先の住居（1994 年
ピクチャービュートにて撮影）

Ⅲ -5　 1997 年　春太郎とたみ子の
ダイヤモンド婚（60 周年）

Ⅳ -3　1980 年　河井とちよ子の結婚式

Ⅳ -3　1980 年頃
ドンカスゴッド農場
内の河井

Ⅳ -4　河井牧場

Ⅳ -6　2010 年　河井とちよ子の結婚 30 周年と河井のリタイア
の祝賀パーティー

末永和子

カナダを耕した家族の物語

―ヨーロッパから、そして日本から―

目次

第Ⅰ部　ロージーの９０年

ロザリア・クリロの系譜

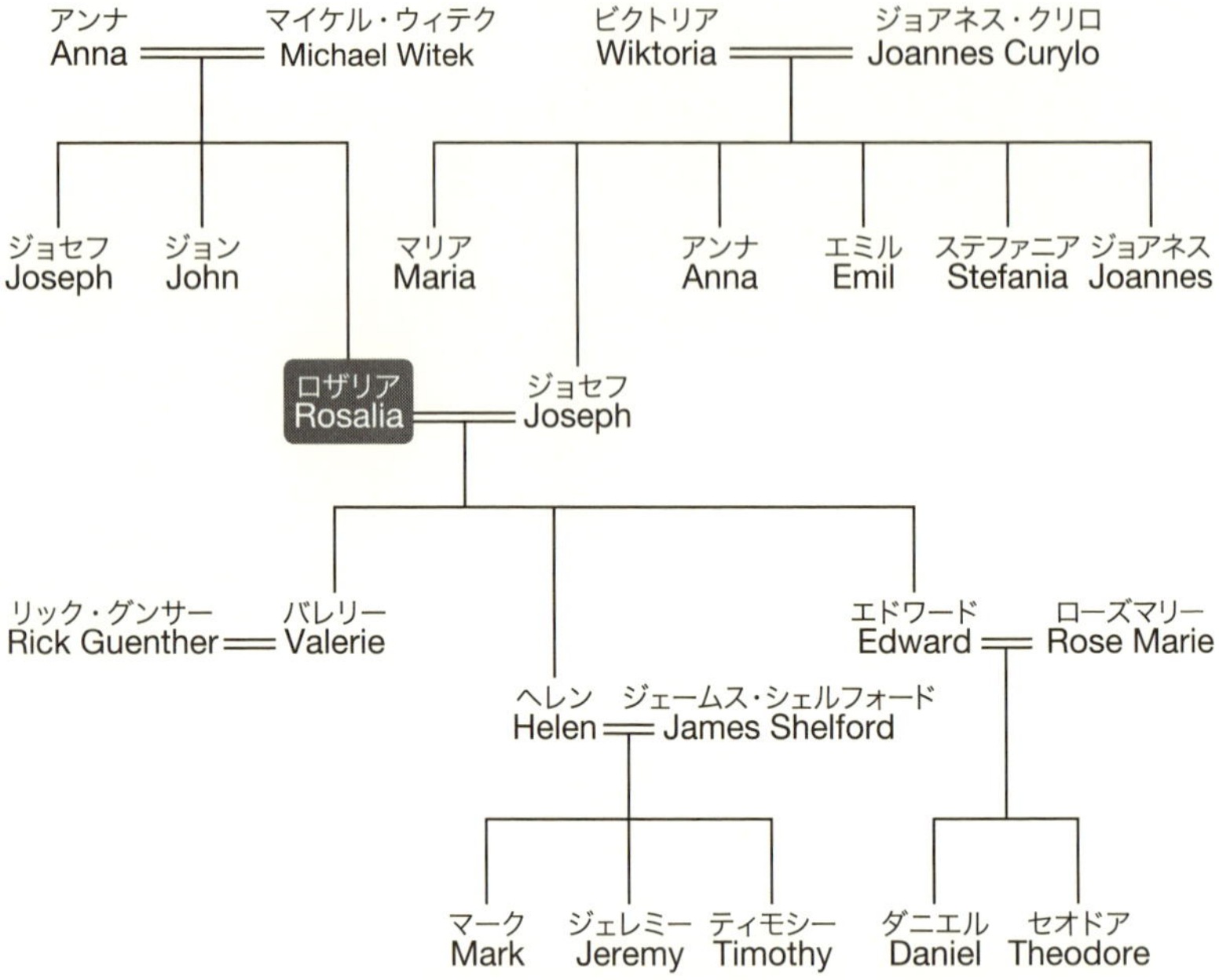
アンナ
Anna
マイケル・ウィテク
Michael Witek
ビクトリア
Wiktoria
ジョアネス・クリロ
Joannes Curylo
ジョセフ
Joseph
ジョン
John
マリア
Maria
アンナ
Anna
エミル
Emil
ステファニア
Stefania
ジョアネス
Joannes
ロザリア
Rosalia
ジョセフ
Joseph
リック・グンサー
Rick Guenther
バレリー
Valerie
エドワード
Edward
ローズマリー
Rose Marie
ヘレン
Helen
ジェームス・シェルフォード
James Shelford
マーク
Mark
ジェレミー
Jeremy
ティモシー
Timothy
ダニエル
Daniel
セオドア
Theodore

第Ⅰ章　ポーランド／ロージーとその家族

ロージーの誕生日

ロザリア・クリロ Rosalia Curylo。人々は彼女をロージー Rosie の愛称で呼ぶ。２００９年３月２日、彼女は９０歳の誕生日を迎えた。

朝日の当たるキッチンの使い慣れた椅子に腰かけ、いつものように食事をとっている。そこからは、大きなガラス窓越しに、真ん前のベイリー通り Bailey St. が見えた。長くここに住み、新旧の移民達が信頼を寄せたベイリー家に因んでつけられた通り名である。

ベイリー通りを挟んだ向いには、遠くの山々を背に、スコットランドからの移民である、ハリー・マカカン Harry McEachern の家と庭がある。

ロージーが座っている位置は実に快適だった。ベイリー通りの人や車の行き来がよく見え、それらのほとんどがこの界隈の人であり彼等が運転する車なので、ともすると人恋しくなる独居老人の生活の中で、それは気分を紛らわすよすがにもなった。また、通りから我が家へのアプローチに人や車が入って来ると、一目でそれが誰なのかを確認することができた。

いつもは静まり返っている我が家も、今日ばかりは朝からにぎやかだった。離れて暮らす子供達が、一斉に帰って来たからだ。

68歳の長男エドワードEdward、63歳になる長女のヘレンHelen、そして58歳の二女バレリーValerieは、数か月前からロージーの誕生祝いの準備に取り掛かっていた。

しかし当のロージーには、なぜそのような大きなパーティーを開くのかが理解できなかった。彼女は自分が90歳になるという特別な感慨などなく、それよりも、このところ日常生活の一つ一つの動きがスムーズにいかなくなった自分に首を傾げていた。

そんなロージーをよそに子供達は計画を進めた。自宅を「オープンハウス」にし、家族や親戚はもちろんのこと、親しい友人や隣人など、誰でもが参加できるパーティーを開こうとしていた。そしてその日がやって来たのだ。

ヘレンとバレリーは朝から忙しかった。母親のロージーを今日のヒロインに相応しく仕立てねばならなかったからだ。幼い頃、母親は自分達のために服を縫い、セーターを編んでくれた。母の服の仕立て直しや、父のセーターの編み直しも多かったが、それでも母はせっせと作ってくれた。せめて今日くらいは、彼女を華やかに着飾らせてあげたかった。

まず二人は、ロージーにピンクとワインレッドを組み合わせた、ゆったりとしたデザインのジャケットと、黒のロングスカートを装わせた。彼女のすべすべした明るい肌、青い目、そしてカールした白髪に似合う服はないかと、町中を探し回って見つけた物だ。その上下は身長157センチのロージーにピッタリで、よく映った。靴は、長年ロージーが愛用している、金糸で刺繍した黒のスエードだった。襟元には同系色のコサージを、首には真珠のネックレスを着けた。またフリンジのある深いピンクのショールを、ドレープを作って肩に掛けてやった。いつも来てくれる介護の女性が、ロージーの両手の指先に、きれいなピンクのマニキュアを塗ってくれた。

すべてを終えると、ロージーは急に華やいで見えた。最後にヘレンは、キラキラ光る小さな石が並んだティアラを宝石箱から取り出し、ロージーの頭に乗せようとした。途端に、彼女はそれを嫌がった。結局ティアラなしのヒロインが仕上がった。

居間は、すっかり飾り付けが終わっていた。中央の大きなテーブルのまわりには椅子が並べられた。豪華なフラワーアレンジメントが室内に彩りを添え、芳香を放つ。リボンを結びつけたカラフルな風船も、慌ただしい人の動きに合わせてゆらゆら揺れている。来客を歓迎するために、バラの花とリボンでできた大きなリースが玄関のドアの上部に掛かっていた。装飾はすべてヘレンが自ら作った。玄関のマットも新しい物に交換してあった。

午後1時をまわり、招待客がぽつぽつとやって来た。いよいよパーティーの始まりだ。客は都合のよい時間に来て、ロージーと話をし、ご馳走を食べ、好きな時間に帰ることができた。皆、手に花を持ち、お祝いの言葉を述べながらロージーを抱きしめて頬にキスをした。客どうしも挨拶を交わし、会話が弾む。親戚はもとより、１９４０年以来住んでいるベイリー通りの住民達、またその子供や孫、そして、ロージーが通うセントメアリー教会St.Mary's Churchの友人達、週に3回リハビリを兼ねて利用するデイケアの仲間達が来てくれた。

テーブルの上には数々の料理が並んだ。食事はすべてブッフェ形式で、お祝いの席に相応しく、とっておきの器を用意した。ヘレンとエドワードは前日からキッチンにこもりっきりだった。エドワードは、次々とロージーの好物を作り、それを盛り合わせにしていった。出席者の中に高齢者が多いことを考え、ナイフを使わず軽くつまんで食べられるようにと、一口サイズの料理が多かった。

鶏の手羽の照り焼きが、大皿に高く盛りつけられていた。ゆで卵、サーモン、アスパラガスの三種類のサンドイッチは、パンの耳を切り落とし、小さく上品に切ってあった。ひときわ大きな皿は、ポーランド風冷製肉の盛り合わせで、薄切りハムやソーセージがきれいに並び、横にはライ麦パン、ディル風味のキュウリのピクルス、ビーツ（砂糖大根）、カラシなどが添えてあった。ベーコン、卵、チーズを使ったキシュの皿もある。

小さく切った何種類ものフルーツを焼き鳥の要領で数十本の金串に刺し、土台となる尻ぶくらの大きなパイナップルの表面に突き刺したデザートは、色も鮮やかで、愉快な木の形をしていた。マンゴーとパイナップルのジュースに、ウォッカと炭酸系のソフトドリンクを入れたフルーツポンチも準備された。そのガラスボウルの前では、人だかりができ、笑い声があがる。

パーティーが佳境に入ったところで、キッチンからにぎやかな歌とともに特大のバースデーケーキが運ばれて来た。ロージーの好物で、表面をアイシング(クリーミーな砂糖でコーティングしたもの）した長方形のキャロットケーキには、沢山の装飾がほどこしてあった。

バラの花とつぼみの糖菓、鉛筆を細くしたような9本のローソク、そして圧巻は、パチパチと火花を散らしている長さ25センチほどの9本の線香花火だった。

「ハピーバースデー、ディア、ロージー」

の歌声はベイリー通りにまで響き渡った。ロージーがローソクの火を吹き消すのを皆で手伝った。ケーキを前に、揃って記念写真を撮った。ヘレン達はそのケーキを大きく切り分け、来客に配った。一斉に皆がそれを食べ始め、食器とフォークの音だけが響いていた。が、直ににぎやかさを取り戻し、あちこちで笑いがおきた。ロージーは満面の笑みでパーティーを楽しんだ。

客が帰る時には、感謝の意味を込めてバラを1本ずつ手渡した。招待状には、

「午後1時から3時の間のオープンハウス」

と知らせてあったが、最後の客が帰ったのは午後8時半だった。35名の来客があった。

その夜、再び静けさを取り戻した家の中で、ロージーは1人リビングのリクライニングの椅子に横になった。今日一日、さすがに疲れはしたが、久し振りに高揚感を味わい、眠れそうになかった。皆に囲まれ、否が応でも90歳を自覚せざるを得なかった。人生のほとんど

といってもよい80年に及ぶカナダでの生活。それは、決して平穏無事な日々ばかりではなかった。

ポーランド出国

ポーランドの南東部、ウクライナやスロバキアとの国境に近いポトカルパッキ県 Podkarpackie に、ツィガニ Cygany という小さな村がある。歴史地区が世界遺産にもなっている都市クラクフ Krakow からは、北東約130キロに位置する。

1930年、そのツィガニ村からカナダへ向けて出発しようとしている、ある家族がいた。マイケル・ウィテク Michael Witek 43歳。妻、アンナ Anna 38歳。長女、ロザリア Rosalia（ロージー）11歳。長男、ジョン John 9歳。二男、ジョセフ Joseph 4歳。

家族は慌ただしい朝を迎えた。ロージーはこの旅立ちが今後、自分や家族にとってどんな影響を及ぼし、いかなる生活の変化がおきるかなどと、露ほども心配しなかった。単なる家族での引越しくらいに思っていた。現に、親戚や村の人々の見送りを受け、悲しい別れがあったという記憶もない。ただ心残りなのは、いとこのアンナと親友のシファ Sifa の二人とはしばらく遊べないということだった。

彼等が目指すカナダは、移民の国である。１８６９年、最初の移民法が可決されると、カナダ政府はヨーロッパからの労働者を募集した。西部地域に移民を送り、マニトバ・サスカチュワン・アルバータの各州などでは農業を、また地域全体では鉄道・製材業の労働者として定着させることで、カナダの領土権を確実にするのが政府のねらいだった。

政府は当初、英国、北欧などからの移民を受け入れた。その後範囲が広がり、東欧、南欧が加わった。それにより、ヨーロッパから多くの人々が移住して来た。

ツィガニでも移住を呼びかけるポスターが貼られ、村中に話が広まった。両親や村の大人達も時々その話をするようになった。多くのポーランド人が海を渡った。良い生活ができるという噂が広まり、誇張され、人々は次々と国を離れた。

そんなある日、マイケルとアンナは知人から、

「カナダへ移住した家族から手紙を受け取った」

と聞いた。それは、カナダでの暮らしを知らせる内容だった。

「カナダは生活がしやすい上に、広くて安い土地が手に入る」

彼等は、いかにも楽しそうな生活の様子をつづり、最後にこう書いてあったという。

「皆も来ないか？」


当時のポーランドは不景気で、３人の子供を抱えたマイケル達の生活は苦しかった。将来への展望もなかった。夫婦はその手紙に興味をそそられた。

「移住する！」

両親からそう告げられたロージーは、さほど驚くこともなかったが、日が経つにつれ、最初に聞いた、家族全員での引越しという気楽な話とは様子が違って来た。


ロージーには、一緒に暮らすいとこのアンナがいた。早くに親を亡くしたアンナは、叔母であるロージーの母に引き取られ、ウィテク家で育った。当時、そのような例は珍しくはなかった。

ところが移民申請の際、法律上の養女ではないという理由で、いとこのアンナの移住だけが認められなかった。また、彼女には健康上の問題もあった。かつて木登りの最中に落下し、腕を骨折した。病院には行かず、マイケルが腕に添え木を当てただけの手当で終わった。以来、腕は曲がったままで、日常生活にも支障を来していたのだ。ロージーは、一人残るアンナと手紙のやり取りをしようと固く誓い合った。

親友のシファのことも気がかりだった。ロージーとシファは、学校でも、放課後もいつも一緒だった。走り回り、石けりをし、棒切れを人形に見立てて遊び、シファの部屋のベッドをトランポリン代わりに、よく飛び跳ねていた。シファの両親が経営する店に並んでいるキャンディーをもらって時々食べたりした。ロージーは、末の弟のジョセフの身体が非常に小さいことを心配していたので、せめてもと思い、時々彼にそのキャンディーを分けてやっていた。

急に出発が決まり、この1か月というもの、家族は皆準備に追われた。中でも両親の忙しさは格別だった。靴職人の父と、それを売る母は、移民申請費やカナダまでの船賃の不足を補うために、現金200ドルを都合しなければならなかった。土地と家、家財道具を処分して現金に換えようとした。

ツィガニには唯一、ユダヤ人一家が経営する雑貨屋があった。食品や洗剤などの日用品はもとより、農具類も扱っていた。幸いなことに、その経営者が事情を知り、ウィテク家の土地、財産すべてを買い取ってくれた。それがなければ、カナダへの移住が不可能なのは明らかで、ウィテク一家は、その経営者への感謝の気持ちをずっと持ち続けた。その経営者というのは、ロージーの親友シファの父親である。

馬車に次々と荷物が積み込まれた。いよいよ出発だ。ロージーは、両親、弟達と一緒に馬車に乗り込んだ。同じように、カナダへ渡るもう一組の家族も同乗した。手綱は、母方の伯父が取り、皆をツィガニから8キロ離れた最寄りの駅タルノブジェク Tarnobrzeg まで運ぶことになっていた。見送りのない静かな旅立ちだった。

ポーランドという国

ポーランドは、ヨーロッパの中央に位置し、バルト海に面した北を除くと、ドイツ、ロシア、リトアニア、ベラルーシなど多くの国に囲まれている。面積は日本の約5分の4で、農地の占める割合が高い。

古い歴史を持ち、かつてはヨーロッパの大国であったこの国は、1989年にようやく民主化され、25年を迎えようとしている。

南部、スロバキア、チェコとの国境にはカルパティア山脈、スデーティ山脈が走るが、大部分は平坦な地形故に強国により侵略され、境界線が度々変わっていった。18世紀、ロシア、プロイセン、オーストリアによる3度の分割で、1795年には国が消滅した時期もある。

幾多の変遷を経て、1917年のロシア革命によりロシアが崩壊。第一次世界大戦でドイツが降伏し、1918年にポーランド第二共和国として独立した。同時に、社会党武闘派のヨゼフ・ピウスツキが国家主席となり、一度は引退したものの、1926年にクーデターを起こして再び権力を握り、独裁政治を行っていた。

マイケルとアンナが移住を決心したその前の年1929年には、アメリカの株価が大暴落したことをきっかけに世界大恐慌が始まった。ポーランドもその影響を受け、物価が急落し、失業者が増え、深刻な経済状態にあった。政府は、人口の割合が多い農民を減らす手段として、フランスを中心としたヨーロッパや、カナダへの移住を奨励した。

もともとポーランドは人々が国を出て、他国に住む割合が非常に高い国である。代表的な例として、作曲家のショパンも、20歳の頃にはオーストリアのウィーンへ、さらに、フランスのパリへと移り、ポーランドへ戻ることなく39歳で亡くなっている。

ウィテク一家が旅立った時期は、ポーランドが独立してから、1939年に第二次世界大戦でドイツとソ連に侵攻され、戦後、ソ連の支配下に置かれるまでのわずかな間のことである。

思いがけない出来事

ウィテク一家は、荷馬車に揺られ、一路タルノブジェク駅に向かった。ここから汽車に乗り、ポモージェ県 Pomorskie の県都、バルト海に面したグダニスク港 Gdansk を目指した。1919年のベルサイユ条約で自由都市となり、港湾使用権が認められた重要な港である。

タルノブジェクで馬車を降りると、検問所があり、パスポートと書類を見せた。係官に命令されるままにシャワーを浴び、健康診断を受けた。頭髪の検査もあった。しらみなどがわいていないかを調べるのだが、中には丸坊主にされ、そうでなくても短く刈られる人達がいた。ロージー自身は、切られることを半ば期待して待っていた。実際、ロージーの髪は腰の位置よりも長く、しかもずっと三つ編みばかりなので、短い颯爽とした髪型に憧れていたのだ。しかし、彼女に指示は出なかった。検査に通ると書類にスタンプが押された。

その悲しい出来事はここで起きた。

診察を受けた後、4歳になる末の弟のジョセフに対し、検問所の通過を認めないという判断が下された。そしてパスポートの家族写真の彼の顔の上には、大きく×印が書かれた。理由は、彼がひどく咳をしているので、結核の疑いがあり、移住はできないということだった。確かに彼は咳をしていた。しかしそれは風邪から来る咳で、決して結核ではないと両親は主張したが、係官に聞き入れてはもらえなかった。

彼等は即刻決断を迫られた。このまま家族で今来た道を引き返すか、ジョセフ1人を帰すか。辛い選択だったが結局、ジョセフをツィガニに残していくことにした。土地も家もすべてを処分した今、家族で引き返すことはできなかった。幸い、ツィガニには、ジョセフの祖母が住んでいる。しばらく彼女にめんどうを見てもらい、彼の健康が回復したら再び一緒に暮らせると信じ、荷馬車に乗せて連れ帰ってもらった。

カナダへの航海

ようやくグダニスクの港に着いた。ここから移民船に乗り、カナダ沿海州の一つ、ニューブランズウィック州、セントジョン港 Saint Johon に向け出航することになっていた。

航海は、約1か月かかった。一家は、三等船室で多くの家族と一緒に寝泊まりした。その間、幾度となく嵐に遭い、その度に移民船メリタ号は大揺れに揺れた。ロージーは航海中ずっと船酔いで苦しんだ。一方、上の弟のジョンは元気で船内を歩き回り、ロージーがうっかりころんで手を切った時にも、世話をしてくれるほどだった。

一家が提げて来たトランクの中身は、ほとんどが衣類で、荷物を制限されたせいもあるが、現金を工面するためにほとんどの家財道具を売り払うと、たいした物は残っていなかった。唯一、数枚のイコン（聖画像）とマイケルが仕事で使っていた道具類、そして鶏の卵を数個幾重にも紙で包み、そっと衣類の間に忍ばせて来た。

幸い両親は、船内のキッチンで雑用の仕事を見つけ、さっそく働き始めた。子供達にとって嬉しかったのは、この船の中で初めてオレンジという物の味を知ったことだ。ポーランドでは、高価な果物として扱われており、ツィガニで口にすることはなかった。

時には氷山に行く手をさえぎられ、船は長い時間立ち往生した時もあった。多くの移民を乗せたメリタ号は、氷山にぶつからぬように、ゆっくりゆっくり進んで行った。

第2章　カナダ移民

入　植

1930年4月1日、メリタ号は、カナダ東部セントジョン港に到着した。ウィテク一家はカナダ国有鉄道Canadian National Railwayなどを乗り継ぎ、西へ西へと移動。アルバータ州ゲインフォード駅Gainfordでようやく汽車を降りた。そこからさらに北へと、6・5キロの道のりをひたすら歩き続けた。たどり着いた先が、最終目的地のマグノリアMagnoliaである。州都・エドモントンの西に位置する。

何をおいても、先に移住している友人の家を訪ねなければならない。唯一の頼りだった。ようやく探し当て、喜んだのもつかの間、驚くべき光景を目の当りにした。一家がようやく到着したその家では、前日に葬式が済んだばかりだった。森林を伐採中の友人が、倒れて来た木の下敷きになって死んだのだ。妻は、狂ったように取り乱し、病院に入った。カナダで生まれた赤ん坊を含め、５人の幼い子供達のめんどうを見る者がいなくなった。

マイケルとアンナは彼等のために、３か月ほどそこに留まった。マイケルはゲインフォードまで食料を調達に行き、アンナは牛の乳を搾り、パンを焼いた。しかし、自分達はいつまでもここにいるわけにもいかず、思い悩んでいたところに、残された妻と子供達がポーランドへ帰されることが決まった。

とはいえ、マグノリアにたどり着くまでにウィテク一家は皆疲れきっていた。

ロージーは靴を脱いだ時のことをよく覚えている。素足はとても気持ちが良かった。その粗末な手製の靴は、長旅の間じゅう足を締め付け、蒸れ、汚れ切っていた。靴職人の父は、新しい革を買って家族の靴を作る余裕がなかった。それでも彼は、ツィガニでの仕事を捨てることができ、内心喜んでいた。貧しい村のことで、靴を作っても売れず、明けても暮れても村人の古靴の修理ばかりでうんざりしていたからだ。

一家が借りた古い丸太小屋付きの土地は木々が鬱蒼と茂り、全くの期待外れだった。それでも、かつて人が住んだ生活の痕跡があり、未開拓地ではなく、まだましな方だった。ここまで来てしまった以上後戻りはできなかった。すぐさま木の伐採に取り掛かった。根っこを掘り起し、土地を耕した。なんとか家族が食べる野菜だけでも作らなければならない。父は狩猟をし、他の者はキノコや果実を採って食料を調達した。家族は必死に働いた。

しかし一緒に入植した人々の中には、この場所を不服とし、ポーランドへ戻る人々が出て来た。ツィガニからずっと一緒だったある男性は、

「こんな所で、自分の子供達を野生動物のように育てたくない」

と怒った。一家が帰国の途中、モントリオールを通過した時だった。その妻は、息子を一人連れて汽車から飛び降りた。母と子はアメリカに逃げたと噂された。

手紙

ロージーの両親、特に母親のアンナは、何より一人残して来た末っ子のジョセフのことが気がかりだった。めんどうを見てくれている姑に手紙で彼の様子を聞き、マグノリアでの自分達の暮らし振りを知らせた。また、ロージーの親友シファの母親や、親しい友人達とも手紙のやり取りをした。

ある日アンナは、シファの父親がナチス・ドイツに連行されたことを知った。その後、シファの母親からの連絡はぷっつりと途絶えてしまった。以来、そのユダヤ人一家の消息はわからないままだ。1940年、ナチスがポーランド国内に強制収容所の建設を始めたことなど知る由もなかった。一方、ロージーもいとこのアンナと手紙を交換した。

ジョセフ・ウィテクの一人旅

結核の兆候があると疑われ、ポーランド出国が認められず、両親、姉、兄と離れて一人ツィガニに連れ戻された幼いジョセフは、しばらくの間元気がなく、家族に会えない辛い毎日を送っていた。幸いにも、祖母や、同居する家族が彼の寂しさを理解し、暖かい気遣いをしてくれたおかげで、彼は徐々に本来の明るさを取り戻し、それから3年間のポーランド生活を送ることができた。母から手紙が届くたびに、祖母がカナダの家族の様子を話してくれた。

そして7歳になったジョセフは一人、カナダ行きの船に乗った。彼はその時のことをこう振り返る。

「乗り合わせた人々は親切で、旅は楽しかった。初めて口にする、船の中での料理も、オレンジやバナナのような果実も実に美味しかった」

彼は、船酔いもせず、船内の探検を思い切り楽しんだ。航海は、彼の心に鮮明な印象を残し、晩年になってからも、いつも身内にその話をしていた。

船を降りると、汽車に乗り換えた。彼の服の胸元には、札が縫い付けてあり、はっきりとした字で、最終目的地がアルバータ州ゲインフォードであることなどが記してあった。ポーランドからの手紙で、到着の日時を知り、駅では父が待っているはずだった。ゲインフォードの駅員もその日の到着を知っていた。汽車の中では、車掌達や移住する他の家族が、ジョセフの降車駅を確認してくれた。

3年振りに見るジョセフは、背丈が伸び、一人でやって来たという自負もあってか、生き生きとしていた。ジャケットやズボンのポケットには、乗り合わせた人達がくれたお菓子やオレンジなどがたくさん入っていた。両親は末っ子に会え、殊の外喜んだ。お互いに話すことが沢山あった。彼が祖母と暮らしており、母に来る手紙でジョセフの様子が分かっていたからか、両親に比べるとロージーには再会の強い印象はさほどなく、少しの間離れていたという程度だった。

マグノリアでの生活

ロージーは、マグノリアでの生活を、

「災難（Disaster）」

だったと表現する。近所には人が住んでおらず、孤立していた。食料品店などのあるゲインフォード駅の周辺のにぎやかさに比べ、マグノリアには郵便局と、バーのある小さな安ホテルと、木造の集会所以外には何もなかった。地域で暮らす男性達のほとんどが鉄道で働いており、ゲインフォード駅に配属されていた。マイケルはまず、近くの製材所の仕事に就いた。

一家が借りた丸太小屋には、大きな部屋が一室、寝室、キッチンがあった。その後、その小屋を買ったため、ポーランドから持って来た２５０ドルのほとんどを使い果たしてしまっていた。電気は通っておらず、石油ランプを使った。水道もなく、はるか遠くのポンプ井戸から運んだ。台所には料理用の薪ストーブがあった。洗濯は、桶を使って灰汁で洗った。トイレは、外に穴を掘っただけの物で、「アウトハウス（Outhouse）」と呼んだ。

マイケルは製材所の仕事を辞め、労働条件の良い鉄道で働き始めた。その蓄えで馬を1頭と牛を2頭買った。秋になると森でキノコを採り、大きな袋一杯に詰めた。黙々と採っていると、いつの間にかその袋が幾つもできあがった。

マイケルはライフルとピストルで、鴨、雁、雷鳥、鹿などを撃ち、また、罠をしかけて大きなウサギをつかまえた。日本では天然記念物となっている雷鳥だが、北米では多く生息し、一般的に食されている鳥である。獲物はすべて、家族の当座の食料になった。

ポーランドから大切に持って来た卵は、さっそく鶏に抱かせてみたが、残念ながらふ化しなかった。卵をかえして、ポーランド産の鶏を増やそうという夫婦のもくろみは外れた。

その後、4ha（ヘクタール）の農場を買い、牛を8頭、他にも豚や鶏を買い足した。菜園では人参、ジャガイモ、カブ、キャベツ、玉ねぎなどを作り始めた。自給自足に徹した。豚肉でソーセージやヘッドチーズ（豚肉などを刻んで煮込み、チーズ状にしたもの）を、またディル風味のピクルスやキャベツの塩漬け（ザウアークラウト）を磁器の壺にたっぷりと作った。冬に向け、十分な根菜類を貯蔵することも怠りなかった。ロージーと弟達は遠くのポンプ井戸からせっせと水を運んだ。

こうして一家は、マイケルを中心として生活を切り詰め、貯蓄に励んだ。

1930年代の初め、カナダは非常に不景気だった。仕事や寝場所を探して、また食べ物のほどこしをもらおうと、田舎をうろうろする多くのホームレスの男達がいた。ウィテクの農場の周辺にも、そんな男達が仕事を探して足を留めた。アンナは時々男達に薪を割らせ、その代わりにありあわせの肉や野菜に手作りのパンを添えて出した。時には、わずかな食料を持たせることもあった。


1938年、4月4日。マイケル、アンナ夫妻は、近くの農場を買った。その時の契約書は、ノートの1ページにペンで書きなぐったような実に簡単なものだった。

土地の広さは64ha。支払いは3回の分割で、350ドル、350ドル、300ドルの計1000ドル。それに3パーセントの利子と、ポテトスカフラーPotato Scufflerを1台つけ加えた。ポテトスカフラーとは、馬が曳く中耕用の器具で、じゃがいもの根際の土を柔らかくほぐし、除草をすることもできた。

マイケルが働きに出る一方、アンナと子供達は野菜を育て、雑草を抜き、幾すじもの畝にできたジャガイモを収穫した。重労働だが、よい現金収入になった。マイケルは、菜園と牛の世話は女性や子供の仕事と考え、自分は鉄道の仕事に専念した。

その方針通り、アンナと子供達はせっせと牛の世話をした。一日に2回乳を搾り、自分達に必要な量を残して、他は近所の人達に売った。アンナは子供達に、牛乳から取り出した生クリームを使ってバターを作る方法を教えた。彼女はまた、牛乳からカテージチーズも作った。バターは売り、チーズは家族が食べた。

マイケルは仕事のない日、子供達にチェスの遊び方を教えた。チェスの駒もボードもマイケルの手製だった。ことゲームとなると彼は夢中で、次の手を考えながら何時間でも座っていた。彼はまた、同僚がそうであるように、トランプの腕も良かった。彼等は、休憩時間にはトランプに興じ、仕事が終わると皆でビールを飲むのが常だった。

子供達の教育

ロージーと二人の弟は、地域の学校に入学したものの、農作業の手伝いで忙しく、1週間の内、2、3日しか通えなかった。車もなく、学校までの片道5キロの道のりを歩いて行った。さすがに冬は、馬車で娘を送って行く郵便配達人に頼んで、同乗させてもらった。

授業は楽しく、ロージーは言葉をすぐに覚え、手紙が読めるようになった。算数が特によくできた。先生はとてもやさしく、親身になって生徒の世話をしてくれた。ロージーはそんな先生が大好きだった。

校庭では野球やかけっこをして遊んだ。農場の、ラード（豚の脂）を入れるバケツをきれいに洗って乾かし、その中に昼食用のサンドイッチを入れて持って行った。蓋と持ち手が付いているので、持ち運びに便利だったのだ。

ロージーには忘れられない思い出がある。

冬になると、郵便配達人の娘は、ワンピースの下に、毛糸で編んだきれいな色のブルマーをはいていた。色違いも持っていて、膝丈までのブルマーはとても暖かそうで、うらやましかった。それなのに自分には1枚もなく、いつも薄手のワンピース1枚で通学するのは寒かった。ワンピースなんて馬鹿げていると思った。

しばらくするとロージーは、家計を助けるために近所に住むイギリス婦人の家で働き始めた。婦人の夫は汽車のタンクに水を補給する仕事をしていたが、職場がゲインフォード駅から遠く、単身赴任中だった。ロージーはここに住み込み、婦人と共に暮らした。

以来、ロージーはこの婦人から徹底的に英語を学ぶことになった。はっきりとした申し分のない英語の発音と、書き方を習得した。それで現在のロージーの話し方には、ポーランド語の発音が混ざっていない。また、家事に関しても、料理、掃除、洗濯、裁縫はもちろんのこと、行儀作法まで教え込まれた。加えて、ヤギの飼い方も教わった。婦人との暮らしは、それまでに経験したことがないほど豊かだった。食事の面でも、贅沢なステーキやラムチョップ（焼いた子羊の肉）、そしてたっぷりの野菜が入った料理などを食べた。

学校が好きだったにも関わらず、彼女が何とか通学できたのはわずか2、3年だけで、15歳になると学校をやめなければならなくなった。今以上に家計を助けるために、フルタイムの仕事を見つけたからだ。

まず、地元の製材所で材木を積み上げる仕事を始めた。腰まで束ねた長い三つ編みの髪をバッサリ切り落とし、少年と見間違うような服をこっそりと着た。この仕事は、近くの街道沿いにある小さな安ホテル（Roadhause）で本格的に働くまでの、ほんの一時的なものだっ

た。このホテルでは、料理と洗濯を受け持ち、必死で料理を習い、初めて「客に提供する料

理」というものを覚えた。

　17歳の時、ロージーに初めてボーイフレンドができた。ウクライナ人 Ukranian の彼は、

町で働いていた。しばらく交際した後、プロポーズされたが、ロージーは決心がつかないま

ま忙しい日々を送っていた。

　仕事のために他の町に移って行った彼だが、いつの日かロージーと結婚することを夢見て、

稼いでは彼女の元に小切手を送り、送ってはまた稼ぎという生活を続けていた。結局、ロー

ジーは結婚する意志がないことを彼に告げ、小切手をすべて彼に返却した。

　ロージーが適齢期にさしかかった時だった。郵便局長の奥さんがロージーにこう助言した。

「絶対に保線夫なんかと結婚したらだめよ。あの人達は、仕事が終わると途端に飲んだくれ

になるんだから」

第3章　出会い、そして結婚

ジョセフ・クリロの入植

カナダ南東部の半島、ノバスコシア州ハリファクス港。岸壁に立つと、夏でも風が強く灰色の雲が垂れ込める日がある。

1928年から1971年にかけ、第21栈橋（Pier 21）には多くのヨーロッパ移民を乗せた船が到着した。1999年以降、ここは移民博物館として主にヨーロッパからの移民に関する歴史資料を展示し、写真や映像を公開している。

44年間に、第21栈橋を通って入国した移民を国別に表すと以下の通りである。

1．英国　　115万2415人
2．イタリア　47万1940人

3．ドイツ　　　　　　　　　3７万０６４１人
4．ネザーランド　　　　　　1８万５６６４人
5．ポーランド　　　　　　　1１万７２４４人

船を降りた人々は、税関を通って荷物検査と身体検査を受けるために、長い長い列をなした。検査の後、人々は一か所に集められ、係りからの説明、諸注意などを聞いた。長椅子に腰掛けている誰もが緊張し、不安げな眼差しをしていた。話の後は、各自が事前に申請している目的地を目指し、国有鉄道の緑色の汽車に揺られて行った。

ウィテク一家がポーランドを離れる1年前の1929年。一人の若者がポーランド南部、マウォポルスカ県 Malopolskie の県庁所在地クラクフに程近い、ボジェンチン Borzecin の町を後にした。

ジョセフ・クリロ Joseph Curylo、25歳。ポーランド騎兵隊での、2年間の兵役を終えたばかりだった。身長は180センチを超え、がっしりとした体格の血気盛んな若者は晴れて自由の身となった今、自分の将来について考えていた。

ボジェンチンには、母親のビクトリアWiktoriaと姉のマリアMaria、妹のアンナAnna、弟のエミルEmil、妹のステファニアStefania、そして弟のジョアネスJoannesの5人の兄弟がいた。

第一次世界大戦で、イタリアに出征していた父親のジョアネスJoannesの戦死の知らせを受けた時、ジョセフはまだ12歳だった。父はそのままイタリアに埋葬された。ジョセフは、わずか3週間しか学校に通ったことがなく、父亡き後はクリロ家の長男として母を助けて黙々と働いて来た。

同年の3月8日、ジョセフは移民船、エストニア号S.S.Estoniaの3等席に乗り、グダニスク港を出発。3月24日、ハリファクス港第21桟橋に着いた。

人々はこの移民船のことを「ボート」と呼ぶ。エストニア号は、最大積量6516トン。スコットランドのグラスゴーで造られ、1921年から10年にわたり、バルト海を航行した。1930年には、プラスキーPulaskiと名前を変え、ポーランドの大西洋横断定期船となった。さらにエンパイアー・ペンリンEmpire Penrynと改名し、1946年に航海を終えるまでの間、多くの人々を運んだ。

中央の太い二本の煙突からは煙が立ち昇り、全長130メートル、幅16メートルの船の前後には、煙突の倍の高さの二本のマストがそれぞれ立っていた。マストの頂上とデッキの二ヶ所に結び付けられた、万国旗の長い長いロープが、風を受けて弧を描き、天気の良い日など、色とりどりの旗は青い海と空によく映えた。

彼の当面の心づもりは、

「穀物農場で1年間働くこと」

であった。ジョセフはわずか２５ドルをポケットに突っこんで渡って来た。当初、移民局には、目的地をマニトバ州のウィニペグとして提出していたが、急に行先を変え、汽車に乗り、サスカチュワン州に向かった。

まず、穀物を栽培する農場で働いたが、仕事が全く面白くなかった。1年後、ジョセフは意を決し、当時多くの人々がしていたように、貨物列車に飛び乗り、西のブリティッシュ・コロンビア州を目指した。ロッキー山脈を越え、ブルーリバー Blue River の町へ。さらにイエール Yale へ。１９３３年、リットン Lytton にて、カナダ国有鉄道の保線夫の仕事に就いた。

険しい山から、巨大な石や雪の塊が落下してたびたび線路を塞いだ。それを撤去して集積場まで運ぶのだが、大きな障害物になると、ダイナマイトで粉砕しなければならなかった。危険だが、穀物農場で雇われているよりはずっとましだと感じた。

ジョセフは、線路の上をポンプカーに乗って通勤した。ポンプカーとは、線路上を走る手押し車のことである。4つの車輪が付いた1畳ほどの広さの分厚い木の板の上には、中央に木製のシーソーが据えてあり、シーソーを挟んで二人が向かい合わせに立ってそれを交互に上下すると、車のように進む仕掛けになっていた。

線路の上を注意して進まなければならなかった。倒木や落石があれば、その都度ポンプカーから降りて線路から退かし、再び進んだ。特に汽車が近づいて来た時は、大慌てでポンプカーともども線路から退避した。1度仕事中に山崩れに遭い、ほとんど埋もれて動けなくなっていたところを、見ず知らずの男性が駆け寄りいち早く掘り起こしてくれ、一命を取り留めた。

「名前を教えてくれ」

「ジョセフ・クリロだよ」

同じ保線区で働く、同姓同名の男だった。

ジョセフの仕事仲間は、英国、イタリア、ポーランドなどからの移民が多かった。作業中も仕事明けも、英語に不慣れな保線夫達は、努めて英語を話し、何とか意志の疎通を図っていたが、ジョセフにはどうにも苦手なことだった。皆からよくからかわれた。

「ジョセフ、英語を話せよ」

しかし、ついに彼は英語が上手くなることはなかった。

出会い

ジョセフは結婚相手を探していた。ある日、同僚の一人が、知り合いの話をしていた。アルバータ州マグノリアに住む、ロザリア・ウィテクという若いポーランド人女性だという。ジョセフは非常に乗り気になり、その同僚が段取りをつけてくれ、マグノリアの彼女に会いに行くことになった。

一目会うなり、ジョセフはロージーが気に入り、結婚を申し込んだ。一方、突然現れた16歳も年上の男性を前に、ロージーは困惑していた。しかし、強引で一歩も引かないジョセフに、ロージーは徐々に魅かれ、思いを寄せるようになった。最後は彼に押し切られるような形で承諾し、6週間後に結婚式を挙げることが決まった。

ジョセフにとっては、今回が2度目の結婚だった。最初の結婚は、ロージーと知り合うずっと以前のことで、しかも結婚した時すでにその女性は妊娠しており、ジョセフの子ではなかったため別れた。従って、二人の結婚証明書には、ロージーの欄は「独身」、ジョセフは「離婚」となっている。

1939年1月30日。
アルバータ州の冬は寒い。零下30、40度になることもある。その日のマグノリアは大雪で、凍てつくほどの寒さだった。

マグノリアには教会がなく、エドモントンまで行かなければならなかった。当時町で車を持っている人は2、3人で、その中の一人の郵便局長が新郎新婦を乗せ、エドモントンまで連れて行ってくれた。ジョセフの友人が結婚の立会人となり、保線区の仲間達が遠路駆けつけてくれた。鉄道員には、特別の運賃割引の制度があった。

披露宴はマグノリアの集会所で開かれた。いつもはダンスや音楽を楽しむホールだが、この日のために近所の人々が準備をしてくれた。女性達はウエディングケーキを焼き、ロールキャベツなどの手料理を持ち寄り、会場の飾り付けもした。

花嫁はあいにく風邪を引いていたが、白いサテン地の、レースの縁取りがついたシンプルなドレスを着、腰まであるベールを被った。白い革製のカットワークの装飾がある靴を履いた。髪の毛もセットした。結婚指輪も準備した。この時期、生花が手に入らず、写真撮影のために造花のブーケを借りた。ドレスに40ドル、靴に20ドル、髪のセットに25セント、指輪は新婦用が15ドル、新郎用が10ドルだった。この費用をすべて、ジョセフが払った。

40人近い人々が祝ってくれた。郵便局に二人の披露宴の案内の貼り紙をしたので、知らない人達までもがやって来た。

ジョセフの親友、スタンレー・オレシジュク Stanley Olesijuk が妻と娘を連れて出席してくれた。彼は得意のバイオリンを弾き、それに合わせて娘のカシャ Kasha が歌った。二人は大喝采を浴びた。

また、食事の後は、地域の人達で結成された小さなバンドの生演奏に合わせて皆が踊った。

披露宴の後、2人は新生活を始めるブリティッシュ・コロンビア州ゴセット Gossett に向け、汽車で出発した。途中、エドソン駅 Edson で下車し、町の小さなホテルに泊まることにした。

その夜、大騒動が起こった。ウクライナ出身で、ロージーの元のボーイフレンドが酒に酔い、いきなりホテルに現れたからだ。彼はホテルマンにロージーに会わせるように詰め寄った。ホテル側の制止も聞かず、あまりに大きな声で騒ぎ立てるので、最後には警察官までやって来た。時間をかけて男をなだめ、事なきを得た。

新生活

ゴセットは今では消滅した町である。マグノリアの西方、ロッキー山脈を越えた所にあった。ロージーは町で唯一の女性で、しかも近所には家が2軒しかなかった。わずか半年でここを引き払った。

1938年末、2人はブリティッシュ・コロンビア州南部、ホープ Hope のすぐ北に位置するイェールという小さな町で生活を始めた。フレーザー川峡谷 The Fraser River Canyon にある丸太小屋が新居で、ジョセフが働く鉄道会社が従業員用に準備した社宅のような住まいだった。しかしここも、ロージーにとって住み良い環境ではなかった。女性が非常に少なく、孤独を感じた。

生活は過酷だった。石油ランプを使い、水は離れたポンプ井戸から運んだ。料理は薪ストーブを使った。これは、パイプを通して煙突とつながっていた。室内の暖房も薪ストーブだった。トイレは家の外にあり、地面に穴を掘り、周囲を囲っただけの簡単な作りだった。

「自給自足しかない」

二人は、できる限りの食糧を確保することにした。

ジョセフは狩猟用の「罠」を持ってなかったので、近くの森で、雷鳥、鴨、雉、鹿などを鉄砲で撃った。ロージーもジョセフについて森の奥に入り、彼が鹿を一頭しとめると、二人でそれを家まで運んだが、このような殺生は、彼女にとって辛く嫌な仕事だった。地域の人達とは、獲物や自宅で採れた野菜を互いに分けあった。

また、ジョセフは仕事の合間に、フレーザー川で魚も釣った。特に産卵期に、流れの速い川を上って来る紅鮭のサカイSockeyeやチョウザメをつかまえた。豊富な魚が毎日食卓に上った。しかし、ジョセフは後に家族にこう言っている。

「実は、私は魚が大嫌いなのだ。しかしよく釣れる上に、何よりの栄養源で、家族が食べるので仕方なく自分も食べていた」

ある日、ジョセフが同僚と釣りをしていると、巨大なチョウザメがかかった。一人ではとてもたちうちできず、皆にも手伝ってもらい、何とか岸に釣り上げた。運搬用の作業車に乗せたが、大きくてはみ出てしまい、結局、鉄道車両でバンクーバーまで運ぶことになった。当時のイェールでは捌ききれなかったのだ。

ロージーは野生の苺類、自宅で採れた梨、サクランボ、リンゴなどを缶詰や瓶詰めにして保存した。サクランボの木は、毎年沢山の実をつけた。また、トランスペアレントという春に白い花をつけ、すばらしく良い香りを放つ青リンゴの木もあった。マグノリアで母と一緒にしたように、彼女はカテージチーズを作り続けた。

ジョセフとロージーはまた、ビールの作り方を覚え、作るたびに味が微妙に違ったものの、ジョセフの同僚にも時々振る舞った。二人は、節約と貯蓄に励んだ。

後年になり、ジョセフとロージーの当時の食生活の一端が明るみに出た。事のきっかけは、孫のダニエル Daniel のアルバイトだった。

ある年の夏休み、ダニエルはアルバイトでブリティッシュ・コロンビア州の未開地へ足を踏み入れることになった。現在そこは国有地になっているが、当時は、地中から採掘された金の権利を主張する人々がいて、しかも、なわばりがあった。彼の仕事はその境界に杭を打ち込むことだった。

雇い主と作業をしていると、突然、大きな熊が現れ、慌てて銃で撃ち殺した。二人は、その場で肉を焼いて食べ、ダニエルは、農場にいる祖父母を驚かせようと、残った肉を持ち帰った。ところが、二人はさも嬉しそうに肉を受け取り、慣れた手つきでそれを料理して平らげてしまった。そこで初めて家族は思った。

「ひょっとして二人は、普段から熊の肉を食べていたのではないか」

そして晩年になり、ジョセフとロージーがいよいよ農場の仕事を辞める時に、たった一度だけ家族に話してくれた。彼等はアルバータやイェールで、熊を撃って食べていたというのだ。大きな体で威嚇して来る熊がいかに恐ろしいかを皆に話して聞かせた。

日本人整体師

激しい労働にも耐える屈強な肉体を持ったジョセフだったが、何年にもわたりひどい耳鳴りに悩まされ、日常生活にも支障を来していた。

1942年、ジョセフとロージーは、イェール近郊で開業する日本人整体師の存在を知った。ある日診療所を訪ねると、現れたのは小柄で気さくな先生だった。それが林《はやし》啓造《けいぞう》との初めての出会いである。

ジョセフを診察した林はこう言った。

「タバコを止めれば、耳鳴りの問題が改善されるだろう」

ジョセフは林のアドバイスに従い、好きなタバコを止めた。次第に症状が軽くなり、その内に耳鳴りが止んだ。夫婦は林に出会ったことを感謝した。林は評判の整体師で、診療所には近所だけではなく、遠方からも毎日患者が訪れた。

林　啓造について紹介する。

原籍は滋賀県。１９０２年４月２５日、ブリティッシュ・コロンビア州、ボーエン島Bowen Island の、コワンズ岬 Cowans Point で生まれた。

当時のコワンズ岬には日本人や中国人が家族と共に住んでいた。彼等は、バンクーバーの大地主が所有する、ボーエン島の家屋敷で植木屋や家政婦として働いていた。また、コワンズ岬とは島の反対側にあるダイナマイト工場にも多くの日本人、中国人がいた。スティーブストン Steaveston などの漁師達とは、あえて離れて暮らす日本人の漁師達もいた。この他にも材木を伐り出す仕事に就いている人もいた。

林の肩書は「脊椎指圧（調整）療法士 Chiropractor」である。米国、オレゴン州ポートランド Portland で指圧療法を学び、薬剤師 Ph.C（Pharmaceutical Chemist）の資格を持つ。

診療を始めてしばらくすると、林の名は人々の間で徐々に広まり、１９３７年には、バンクーバー市内中心部のメイン通り（Main St.）１５０番地に診療所を持つまでになった。しかし、１９４１年、日本海軍が真珠湾を攻撃し、太平洋戦争が勃発した。カナダ政府は安全策として、ブリティッシュ・コロンビア州など沿岸に住むすべての日系人を沿岸から内陸に

160キロ退去させ、キャンプに強制収容した。当然、バンクーバーで診療していた林も収容された。ロージーは、イェールの近くに第3強制収容所 Camp# 3があり、多くの日本人が入っていたと話す。

林には大戦前からの親しい友人がいた。弁護士ハスケル Haskell とその妻グウェン Gwen、そして彼女の妹ヘレン・ムーア Helen Moor である。林が、イェールの第3強制収容所からさらに東方7、80キロにある、プリンストン Princeton の強制収容所に収容されていることを知った夫妻は、林を救おうと奔走した。その甲斐あって、彼等が保証人になることで、林は釈放された。1942年、林はイェールの町の近くにあるゴードン・クリーク牧場 Gordon Creek Ranch に移り住み、ハスケル一家、ヘレンと共に暮らし始めた。

1951年、林はホープに診療所を開き、ハスケル夫人とヘレンは診療所の事務的な手助けをしてくれた。林は1980年代に退職するまでそこで診療を続けた。しかし、その後も彼の腕と人柄に惹かれて頼って来る人々がおり、診療所を閉めるわけにはいかなかった。

林は旅行やハイキングを好み、特に翡翠に興味を持っていた。長い年月をかけ、翡翠や貴重な天然石を探して、フレーザー峡谷をくまなく歩いた。その後、林は採取した石を使ってオリジナルの装飾品を作り、ゴードン・クリークに店を構えてそれらを売った。

ハスケルが亡くなった後も、林とハスケル夫人、ヘレンは離れることなく、夫人が他界するまで一緒に暮らした。その後ヘレンがホープの病院に入り、後にチリワック Chilliwack の病院で亡くなるまでの間、すでに車を運転することができなくなっていた林は、バスに乗り、彼女の食事や身の回りの世話をするために、８０キロ以上離れた病院に毎日通った。林の献身的な看病は、病院の関係者だけでなく、地域の人々にも深い感銘を与えた。

ヘレンの死後、林はチリワックの老人施設に入った。しかし折りに触れてはイェールの自宅に戻り、多くの友人達を訪ねて回った。

１９９４年４月１０日、林はチリワックで死亡した。９２歳だった。

１９９７年、彼の財産はイェール博物館の保護団体（Yale Museum Trust）に寄付され、以来博物館はその資金で運営されている。

第4章　親と子

子供の誕生

１９４０年１１月１３日、ジョセフ、ロージー夫婦に長男のエドワードが生まれた。通称はエディー Eddie である。

ロージーは大事を取り、予定日の1週間前から、ポール・ルビンと妻のオルガ Paul and Olga Lubin が経営するホテルに滞在していた。交通の便の悪い我が家に比べ、ここからチリワック市民病院まではわずか3・2キロの距離だった。助産婦のオルガがそばにいてくれることと、手作り野菜を使って栄養豊富な食事を提供してくれることが評判となり、出産まぢかの女性がよくここを利用した。

出産後、今度はエドワードと一緒にこのホテルに戻り、数日間滞在した後、1週間に1本だけの客車に乗りイェールに帰った。

しばらくすると、イェールの町のアングリカン教会でエドワードの洗礼式が挙行された。町に出るためには、流れの速いフレーザー川を小さなボートで横切って向こう岸まで渡らねばならなかった。ボートに代わってロープウェーで渡れるようになったのは、何年も後のことである。

ジョセフ、エドワード、そして証人として出席してくれる2人の友人は川を渡り、教会に着いた。ボートにはロージーが乗る余裕がないので、仕方なく自宅に残り、祝宴の準備をした。

エドワードはすくすくと育った。ジョセフの同僚に可愛がられ、彼等と一緒に過ごす時間が多くなり、色々な遊びを教えてもらった。動きも活発で、生後8か月足らずで歩き始めた。また、近くに住むビリー Billy とは年齢も近く、毎日のように遊んだ。二人でビリーの家の鶏小屋に入り込み、まだ温かい卵を取っては食べていた。活発なエドワードの成長は、両親にとって生き甲斐だったが、同時に心配もあった。すぐ近くのフレーザー川は水量が多く流れが大変速い上に、浅瀬がなく、いきなり深くなっていて危険だった。いつかエドワードが一人でそこに行くのではないか、川に落ちるのではないかと恐れた。

その頃ジョセフは、自分の将来について真剣に考えていた。依然として英語が話せず、このまま鉄道で働いていても、先が見えていた。幸いポーランドにいる時から母の手助けをし、農業や家畜の飼い方も知っていた。

「酪農を始めよう」

二人はフレーザー谷で酪農ができる土地を探し始めた。

そんな矢先、エドワードの姿が見えなくなった。心当たりを捜したが見つからず大騒ぎになった。そこにどこからか愛犬が走って来て、やたらと吠え、どうもいつもと様子が違う。犬の後を追いかけると、川のすぐそばに停めていたボートの中に、エドワードが一人でいるのが見つかった。両親は転地の覚悟を決めた。

1942年、幸いにもフレーザー川支流の肥沃な土地が広がるチリワック市サーディスSardisで、気に入った農場を見つけた。持ち主はジョージ・ダートGeorge Dartだったが、ジョージ・ブラッドウェルGeorge Bradwellの一家が借りて住んでいた。

16haの土地には、2階建ての家が建っていた。その他にも大きな家畜小屋、数棟の納屋、鶏小屋もあり、ジョセフとロージーはますますここが気に入った。

5000ドルで買うことを決め、ローンを組んだものの、すぐにここに移り住む経済的余裕がなかった。結局、そのままブラッドウェル家に賃貸し、自分達は今まで通りイェールに住み続けるしかなかった。

そんな暮らしの中で、年に1度の里帰りはロージーにとって何よりの楽しみだった。エドワードを連れ、両親や弟、友人達が待つマグノリアに帰り、のんびりと過ごした。最初は、ゲインフォード駅で下車した後、実家までの6・5キロは、エドワードを抱いたまま歩いて帰っていたが、見るに見かねた父親が乳母車を買ってくれ、ずいぶんと楽になった。それでも道は相変らずでこぼこで、エドワードが乗った乳母車の振動はひどかった。

1年後の1943年、ロージーとジョセフは、農場経営をする余裕ができ、そのことをブラッドウェル家に伝えた。夫婦と6人の子供達は、この家での暮らしが非常に気に入っていたので、明け渡すことを嫌がったが、かといってここを買うこともできず、約束通り引き渡してくれた。いよいよチリワックの農場での生活が始まった。

暮らしの変化

今までとは生活が一変した。

電気が通った。スイッチ一つで点灯し、家の中の明るさは石油ランプとは比較にならなかった。その上、使った後のランプの中の煤を拭い取り、磨くという手間から解放された。水道も通った。１０キロ離れたライダーレイク丘陵 Ryder Lake Hill にある、エルク川支流浄水場の給水所 The Elk Creek Water Works から、非常に純度の高い水が、パイプを通って農場内に供給された。蛇口からは温水、冷水の両方が出た。

その当時の薪を使った給湯のシステムは次のようになる。

木造りのキッチンには、薪を燃料としたストーブが据え付けてあった。この上で料理もし、ストーブの熱を利用してお湯も沸かした。ストーブと、すぐ横に据えてある大きな金属のタンクとは、パイプでつながっており、そのパイプはそのままストーブの中の燃焼室を巡っていた。

さらにこのタンクと台所の流し、浴槽とは、同じくパイプでつながっていた。水道を伝ってタンクの中に給水しておくと、ストーブが燃焼することでパイプが熱され、同時にタンクの水も熱くなり、給湯できる仕組みになっていた。

ガスはなく、石炭は高価でほとんど使わなかった。トイレは外に穴を掘り、用を足した。

水洗トイレになったのは、１９５５年頃である。


サーディスには少しずつ他の家族も移り住むようになり、徐々ににぎやかになっていった。

皆好い人達だった。隣は農場を経営するスコットランドからの家族が住み、広大な農場を挟むとお互いの家はかなり離れていた。商店と郵便局は自宅から４キロの距離にあった。


引越してまず、１０羽の鶏と1台の自転車を買った。

ジョセフは、自宅からほど近い、プロモントリー通り Promontry Road にあるボウマンズ製材所 Bowman's Sawmill で働き始めた。多くの労働者の中に一人の日本人がいたが、戦争により他の日本人同様、家族と共にキャンプ送りになった。


ジョセフはその後、条件の良いフレーザーバレー・ミルク製造工場 Fraser Valley Milk Producer's Plant で働きながら、酪農を覚えて行った。彼は片道４・８キロの道のりを毎日自転車で通勤した。そこも一年ほどで辞め、彼はいよいよ専業酪農家として歩むことを決めた。

そんな暮らしの中で、1頭の乳牛を買うまでには、さらに1、2年かかった。その牛も徐々に数を増やし、鶏、豚、馬を買い、農具を揃えた。自分の家族だけで耕作し、飼育するには広過ぎる規模の農場だった。

最初16haだった農場は、5年後にはさらに、隣接した10haの土地を買い足し26haにまで拡大したが、この最後の10haを購入した時は、特に大変だった。一面木々に覆われ昼なお暗い森そのものだったからだ。幸いジョセフは保線区で働いている時に、測量士の資格を取っていた。また、スティック・ダイナマイトの使い方も熟知していたので、人の手を借りることなく更地にすることができた。ただ、実際に爆破する時は、家族は避難せねばならなかった。

整地後の広々とした農場では、家畜が自由に歩き回り、トウモロコシなど牛の餌になる穀物や、草も十分に育ち、非常に良い環境を作ることができた。ただ、そのほとんどをジョセフ一人の労働力に頼るため、彼への負担は計り知れなかった。畑でトウモロコシや穀物を作りながら、牛の世話をした。干し草を作って飼料にし、乳を搾った。また、自ら建てた牛小屋や農機具用の納屋の掃除や修理に忙しかった。

広大なフレーザー川は、サーディスを含む、チリワック地域を通って流れていた。その支流、ベッダー川 Vedder River は、ジョセフ達の農場から近く、秋になると鮭漁が盛んだった。多くの先住民が数トンもの鮭を捕り、商売にした。釣り好きのジョセフだが、農場を買って以来多忙を極め、釣り糸を垂れることはなく、子供達に釣りを教える機会がなかったと、晩年になり残念がった。

一方でロージーは、めきめきと酪農家の妻としての腕を磨いた。畑ではジョセフと一緒に働き、日に2回、搾乳器と搾乳小屋の掃除をした。牛以外の家畜を増やすことは現金収入につながり、家計を助けた。数百羽のニワトリは毎日沢山の卵を産み、彼女はそれを地域の人々に売った。先住民も買いに来た。殻に小さくひびが入っているような物はタダにし、時には庭で採れたリンゴを添えてやった。豚は家族の食料になるだけではなく、牛と同じ様に年齢で区分し、地元のオークションで売った。

ジョセフがしとめた雁の肉は、クリロ家の好物で、復活祭（イースター）やクリスマスのような特別な日には、食卓をにぎわせた。その上、雁の羽毛を詰めた枕は心地良く、その掛布団は極寒の夜に、冷えた身体を暖かく包んでくれた。ジョセフは、飼っている羊の毛を刈り込み、ロージーがそれを洗って梳き、キルトの芯に使った。ロージーはまた、近所に住むカナダ人から、食品の保存方法を習った。中には、巨大なムースMoose（ヘラジカ）の肉を瓶詰めにして長期保存する人もいた。

肉と魚は缶詰や冷凍にした。また、塩コショウした鮭などの切り身を、広口の大きな瓶に詰めて水を注ぎ、ガラスの蓋を固く締めた状態で、銅製の専用鍋copper cannerに入れ、薪ストーブで軽く沸騰する程度の火加減で6、7時間かけて茹でると、長期保存が効いた。ポーランドのカソリック教徒の間では、毎週金曜日には肉類を食べないという伝統がある。クリロ家には魚の長期保存は必須だったのである。

サクランボ、ラズベリー、イチゴ、リンゴ、アンズ、桃、プラム、ナシなどは瓶詰や、ジャム、ゼリーに。また、果実や豆、とうもろこしは冷凍保存もできた。きゅうりのピクルスやキャベツの塩漬けは瓶詰にした。こうした様々な貯蔵方法で、冬場でも食料に事欠くことはなかった。家のすぐ横に建つ室Root Houseでは、できるだけ外光を遮り、奥のほうには収穫したじゃがいも、キャベツ、人参、リンゴなどをそのまま地面の上に置き、手前に作られた沢山の棚には、できあがった瓶詰、缶詰を並べた。

ジョセフは、イェールを引き払う際に、気に入っていたリンゴの木、トランスペアレントの枝を数本切り取り、農場の木に接ぎ木してみた。幸いそれが上手く成長した。果肉は白く、そのまま食すにはあまりに酸っぱ過ぎるが、一度火を通すとびっくりするほど美味しく変化した。何年もの間家族は、トランスペアレントで作るリンゴのデザートを楽しんだ。

1944年、ジョセフとロージーは、マグノリアに住むロージーの両親と末の弟のジョセフをサーディスに呼び寄せた。一家は、夫婦の家から1キロと離れていない、同じベイリー通り沿いの、小さな家が建つ8haの酪農場を買って住んだ。ロージーのすぐ下の弟ジョンは、大戦でカナダ国軍に加わり、ヨーロッパに出征していた。

酪農を始めて以来、乳牛にあたえる餌の生産方法も変わっていった。

気の荒い農耕用の馬2頭とワゴンを買い、当初は干し草の収穫には時間も労力もかかっていたが、トラクターや様々な農業機械が導入されると非常に能率的になった。

ただ、干し草を集め1梱27キロほどの長方形の大きさに圧縮、梱包するベーラー Baler が高くて買う余裕がなかった。収穫の時期には、向かいのハリー・マカカンからその機械を借り、操作を熟知している彼の３人の息子、ボブ Bob、ウェス Wes、メル Mel を雇った。同じく近所に住むニコルズ家 Nichols の２人の息子達には、できあがった梱を積み上げる作業を頼んだ。近くの先住民 Coast Salish First Nations にも来てもらうことがあった。

広大な畑一面に育ったトウモロコシは、特別な機械で茎や穂軸を切り落とされ、さらに細断され、サイロの中に勢いよく吹き込まれた。トウモロコシはそこで貯蔵され、発酵し、栄養価の高い牛の餌ができあがった。

しかし、いくら機械化されたとはいえ、人の手は必要だった。歳月はジョセフの身体を徹底的に鍛え上げ、８７歳で亡くなるまで、隆々たる筋肉をしていた。

子供への期待

１９４５年８月１７日。クリロ家には第二子、長女ヘレンが生まれようとしていた。当時サーディスには病院がなく、約６キロ離れたチリワックの病院までは、汽車を使うしか手段がなかった。

その日突然に、ロージーは産気づいた。向かいに住むベイリー夫人が飛んで来て、急遽、彼女の車で病院まで運ぶことになった。当時、自家用車を持つ人はまれであったが、幸いベイリー夫人は車を持っていた。ヘレンは無事生まれ、健やかに育った。

そしてさらに5年後の1950年3月17日には、ヘレンの妹バレリーも誕生した。

6歳になったある日、ヘレンは母が準備してくれた白い服に白いベールを被り、両親と共に聖体祭に参加した。これは正式にカソリック教徒になるという儀式で、ジョセフとロージーはあくまでもカソリック教の規律と伝統を、子供達にも引き継いでほしいと願っていた。

家族が増え、ジョセフとロージーはますます忙しくなった。牛や馬、豚、鶏に加え、ガチョウ、羊、アヒル、鳩なども飼うようになり、毎日餌を与え、囲いや鳥籠を作り、農具の手入れもしなければならなかった。

ジョセフは普段から酒をたしなむが、子供達は酔った父親を見ることはなく、彼の唯一の楽しみはもっぱら、毎週土曜日に町で開かれるオークションだった。そこに出かけては、家畜や農具を買って来た。

ロージーは非常に手先が器用で、料理、縫い物、編み物など何でもこなした。家族だけでなく、友人の散髪も引き受けた。台所用の薪も割らねばならず、子供達の目には、一日中働いている母の姿が映っていた。

こうして両親がひたすら働く一方で、子供達にも仕事が与えられるようになった。薪割りなどから始まり、徐々に農作業を覚えていった。収穫期には家族総出で働いた。5歳の頃、すでに長女のヘレンは、農場で仕事をする父のために、昼食を運ぶ手伝いをしていた。母は、生まれて間もない妹の世話で忙しく、母に代わってその仕事を頼まれたヘレンは、幼いなりに責任と自負を感じていた。

母が準備をするのは、手作りのパンにあぶり焼きした牛肉や鶏肉の薄切りをはさんだサンドイッチが主で、時々アップルパイやクッキーの時もあったが、必ずミルク入りのアイスコーヒーをたっぷりと添えた。そのコーヒーは父の大好物だったからだ。

高いフェンスをよじ登り、牛を避けながら牧草地を通り抜けた。広い畑の中には鉄道が通り、木製のフェンスを幾つか越えなければならなかった。そして最後のフェンスの所まで来たら立ち止まり、父親にお昼を知らせるために手を振るようにと言われていた。幼い子供の足では片道30分はかかった。

父はヘレンの姿を見ると非常に喜び、作業の手を休めて腰を下ろした。コーヒーを美味しそうに飲みながら、

「おまえも飲みなさい」

と勧めてくれた。自分が運んで来た昼食を嬉しそうに食べる父を見て、自分に手渡してくれるミルク入りのコーヒーは、ある意味、ご褒美であるかのように感じていた。

しかし、自分がそれを飲めば、父の飲む分がそれだけ減ってしまうので、できるだけ飲まないようにしていた。不思議なことに、あれから６０年経った今では、ヘレンもまた、そのアイスコーヒーが大好物になっている。

夏は一年の内でも農場で過ごす時間が長かった。何より、牛に与える干し草の準備が大変だった。ヘレンが6歳になる頃には、家族全員で農場に出た。

クリロ家は、良質のティモシーグラス Timothy Grass（オオアワガエリ）を始め、オーチャードグラス Orchard Grass（カモガヤ）やクローバーの牧草地を持っており、その広さは１６ haにもなった。牛は、日に平均１５キロほどの干し草を食べるため、年に3回の刈り入れをすることもあった。

十分な草の成長を見届けた父は、当面の天候を確認し、機械ですべてを刈り取り、ほぐし、

作業がしやすいように畝を作っておいた。栄養価の高い、良い干し草ができるか否かは、刈って干し、倉庫に運び込むまでの数日間の天候にかかっていた。

家族での作業は、連結した3台の車両が一列になり、広大な四角い草地を外周からスタートして内周へと移動して来るパレードのようだった。まず、先頭の赤いトラクターを幼いヘレンが一人で運転した。1950年代初期に製造された外国製で、車輪もがっしりとしていた。トラクターには、左右に囲いのない大型の荷車が連結され、それにはゴム製のタイヤが4輪付いており、長い柄の三叉を持った父と、彼を補佐する兄が乗り込んだ。時折、兄に代わって母が乗ることもあった。さらに一番後方には、車輪が2個付いた優に大人の背丈を越える高さの干し草積載機がつながれていた。

まず、積載機の後部に付いている三叉が、畝の中から刈り草をすくい上げた。積載機に乗せられた草は、ローラーによって上へ上へと巻き上げられ、積載機の頂上を越えると、前に接続された荷車の上に落ちる仕組みになっていた。

父は、握っている長柄の三叉を使って、後方から落ちて来る草を荷車の上に満遍なく広げ、兄がその上を足で踏みならしていった。最終的に、荷車の上には山のような草が積み込まれるので、少しでも片寄れば、荷車から崩れ落ちてしまう。この踏みならす作業が一番重労働だった。

広い農場の角を上手く曲がることができず、その都度、父が荷車からトラクターに飛び移って、ヘレンの代わりに運転してくれた。しかし、この作業も彼女が9、10歳になる頃には、角も上手く曲がれるようになった。そして12歳の時に母が背中を痛めて以降は、母の代わりにヘレンが荷車に乗り、父や兄と共に働いた。

しかし、そんな中でも、父の方針で何よりも勉強が優先された。

「勉強しなさい」

「宿題をしたか」

とうるさく言われた。母親が英国人の家庭で完璧な英語を習得し、ポーランドなまりのない美しい英語を話すのに引き換え、父親はポーランドでもほとんど教育というものを受けておらず、相変わらずポーランド語を話していた。保線夫の時代には、同僚からからかわれる程、英語が話せなかった。教育の大切さを、彼は身を以てわかっていたのだ。子供達に同じ思いをさせたくなかった。3人の子供達は、両親の期待を一身に受け、勉強を続けた。

子供の独立、そして親の引退

ジョセフは、３人の子供達が教育を終えるまでの間、学費のすべてを負担した。長男エドワードはブリティッシュ・コロンビア大学（ＵＢＣ）を卒業後、結婚。両親の仕事を引き継ぎ、酪農経営者となった。彼の２人の息子はコンピュータービジネスに携わっている。

長女ヘレンは、ＵＢＣを卒業し、イェールで小学校の教師になった。その後、ＵＢＣで出会ったジェームズ・シェルフォード James Shelford と結婚した。ジェームズの祖父母も英国からの移民である。ジェームズは後、農学博士、ＵＢＣの教授 (Faculty of Land and Food Systems) となったが、２００２年、病気で亡くなった。死後、ヘレンとＵＢＣとが話し合い、「James A. Shelford Memorial Scholarship Endowment Fund」が設立された。葬儀の際の、親戚、友人、同僚、教え子、教会の関係者、仕事の関係先の会社などからの香典や供花を辞退したところ、ＵＢＣから彼の名前の基金を設立してはという問い合わせがあった。

ヘレンと家族が同意すると、賛同する多くの人々から多額の寄付（7万ドル）が寄せられた。それをUBCが管理し、1年間の利子（約3000ドル）を、UBCの同じ学部で学ぶ学生達に奨学金として授与するものである。その授与式では、ヘレン自ら手渡している。アフリカの北東部にある小さな国エリトリア共和国出身の学生など、毎年1人が選ばれ、すでに10人以上の学生がその栄誉に輝いた。その基金は、さらに増える傾向にある。

ヘレンとジェームズには、3人の息子が生まれた。長男ティモシーTimothyは工学博士に、次男ジェレミーJeremyは弁護士に、三男マークMarkはカナダ政府の貿易政策分析官として活躍している。

一方、ヘレンの妹バレリーは、サスカチュワン大学、グエルフ大学Guelphを卒業。UBCにて博士号を取得。ブリティッシュ・コロンビア州アガシーAgassizにある太平洋沿岸州農業研究所の責任者として勤務した。この研究所は、ブリティッシュ・コロンビア州の農業技術を、科学的に研究することを目的に、百年前に設立された。連邦政府の資金で運営され、彼女は女性として初の責任者となった。彼女は、多くの科学者やスタッフと協力し、研究を円滑に進めるために、専門知識はもちろんのこと、カナダの公用語の一つであるフランス語の能力も非常に高かった。

父親のジョセフは、娘が農業の専門家となり、組織の中で、この様な地位に就くことなど思いもしなかった。

１９６９年、ジョセフとロージーは引退した。ジョセフ６５歳、ロージー４９歳だった。乳牛も３０頭になり、加えて、子牛や未経産の雌牛も飼うまでになっていた。ベーリー通りの農場をエドワードに託し、地続きに２haの自分達のための土地を買い、家を建てて住んだ。すべてを引き継いだエドワードは、さらに３２haの土地を買い足し、農場は５８haに拡張された。乳牛も２００頭まで増やし、ポーランドから移住して来たばかりで、全く英語が話せない１８歳のジョン・ナウロキ John Nawrocki を農場で雇った。その後、エドワードは病気のため、農場を手放した。

母と子の宿命

カナダの家族を追い、７歳で一人海を渡ったジョセフ・ウィテクは、再びポーランドに帰ることはなかった。終生独身を通し、両親と共に暮らした。ジョセフとロージーに呼び寄せられ、1944年、マグノリアを引き払い、両親と共に姉夫婦の近くに農場を買って住んだ。

母のアンナは96歳になっても隠居することなく、自宅の野菜畑で種を蒔き、雑草を抜き、ニンニクを束ね、慣れた手つきで働いた。畑で採れた小振りのキュウリで作るピクルスが大好物だった。食後には、新鮮なストロベリーやラズベリーの上に濃厚なクリームをかけて食べていた。英語を学ぶ機会に恵まれず、終生ポーランド語しか話せなかったが、ポーランドの親戚や友人達との手紙のやり取りを楽しみに暮らしていた。

夫のマイケルが亡くなり、アンナが98歳になった1990年、農場を売り、末っ子のジョセフと二人で町のアパートに移った。その後、アンナは106歳まで生きた。

ジョセフは、

「永い間、母の面倒を見る必要があった」

と言った。また、アンナは、

「ジョセフの世話をするために、こんなに長く生きなければならなかった」

「もう百年生きたい」

こう言い遺して亡くなった。

ジョセフは母を看取り、その後は一人暮らしを続けた。彼にとってカナダでの生活は幸せだった。何より、家族みんなが一緒だったからだ。小柄な彼だったが、山登りやマラソンを好み、忙しい農作業の合間に楽しんだ。また、詩人のような繊細さをも合わせ持ち、自然を愛した。そして敬虔なるカソリック教の信者でもあった。

２００６年のクリスマス、ジョセフは８０歳で母の待つ天国へと旅立った。母が亡くなって８年後のことである。

ヘレンには一つだけ後悔していることがある。

祖母のアンナは英語が話せなかった。また、ヘレン自身もポーランド語を学ぶ環境になかった。ヘレンは、祖母のポーランドでの暮らし、また、カナダへ移住すると決めたことについて尋ねたかったが、実現することなく祖母は亡くなった。生前の祖母の様子、また両親の話から、「祖母は、ポーランドでの日々が、次第に遠ざかるのを、そのままそっとしておきたかったのではないか？」

「何も話さないでいたことは、かえって良かったのではないか？」とも思う。

第5章　絆

ポーランドの親戚との交流

ロージーと、ポーランドに残ったいとこのアンナとは、手紙のやり取りで連絡を保っていた。アンナが結婚し、1941年と1946年に男子を出産し、子供達が成長した後は、ツィガニで一人静かに暮らしていることも知っていた。

2004年、ロージーがようやく重い腰を上げ、3人の子供達を連れ、村を離れて以来会っていないアンナと再会するために、故郷ツィガニへ帰る決心をした。子供達を交えて旅行計画を練っていた矢先、ロージーは自宅で転んで腰骨を折り、入院を余儀なくされた。回復までにかなりの時間が経過した。そこに突然、ツィガニからアンナが亡くなったという知らせが舞い込んだ。ついに、夢であった再会は実現しなかった。ロージーはアンナのために、カナダから薬やお金を送り続けていたが、それも2005年で終止符が打たれた。

２００６年の秋、ロージーと子供達は、ポーランドのアンナの息子達をカナダに招待した。英語が全く話せない長男のスタンリー Stanley と家族の代りに、二男で鉱山技術者のジョセフ Joseph が、妻のヘレナ Helena を同道してやって来た。ロージーに子や孫を含め、皆で二人を歓迎した。３週間の滞在期間中、ロージーはアンナの生前の様子を、直接ジョセフから聞くことができた。

アンナは、ツィガニの小じんまりとした家に一人で住み、家族や、古くからの友人に囲まれて暮らしていたそうだ。スタンリーは妻や娘と共に、ロージーのかつての家のすぐ近くに住んでいた。また、二男ジョセフの家は、ツィガニの北にあるタルノブジェクの町にあった。

続く２００８年の秋、今度はジョセフとヘレナの招待を受け、すでに遠出ができないロージーに代わり、ヘレンとバレリーの２人の娘が、親戚に会うためにポーランドを訪問した。父ジョセフの故郷であるボジェンチンでは、生家を訪ね、５００年の歴史を持つ教会にも行った。父ジョセフをはじめ、クリロ家はここで洗礼を受け、墓地には、父ジョゼフの母親・弟・そして妹が眠っている。

ツィガニでは、ロージー達ウィテク一家が暮らした家や、アンナが生前住んだ家を見た。先祖の記録が残るという教会を訪ねたが、数々の戦争により、多くの記録簿が焼け、紛失し、何も知ることはできなかった。アンナの2人の息子やその家族はもちろん、多くの親類に会った。それぞれの家では、ポーランドの伝統的な料理がふるまわれ、暖かいもてなしを受けた。

帰国後、娘達は、沢山の写真をロージーに示しながら、旅行の一部始終を話した。彼女は、故郷の家族や親戚が皆幸せに暮らし、彼らの孫達が大学で英語を学んでいることなどを聞くと、殊の外喜び、写真をずっと眺めていた。子供や孫が、カナダとポーランドの懸け橋になってくれるなどとは、思ってもいなかった。

ロージーの晩年

1992年2月5日、ジョセフは87歳で亡くなった。

騎兵隊、保線夫、開拓農民と、身体一つで一家を支えて来たジョセフは、無骨で手荒なところがあった。そのため、家庭的な妻のロージーとは肌合いが違い、感情のズレから来る行き違いやいさかいは避けられなかった。

彼は、洞察力と状況判断にすぐれた人物だった。ポーランドでの少年時代に母から教わった農作業と家畜の飼い方。騎兵隊での集団生活と馬、銃剣の扱い。保線夫時代に習得した測量とダイナマイトの知識。ミルク製造工場で覚えた酪農。このような経験や知識が、新天地での開拓の中で力を発揮し、定住をゆるぎないものとすることができた。

ロージーはそのまま家を守り、ささやかな野菜畑で一日を過ごすようになった。幸い自宅の地下室には、１２年近くもエドワードの農場で働いていたジョン・ナウロキが間借りしていて、困った時には手を貸してくれた。ロージーを気遣いつつも、離れて暮らす子供達は、ジョンを通して彼女の様子を知ることができた。１８歳でここに来たジョンも、いつの間にか五十路に手が届こうとしていた。

窓から見える遠くの山々の景色が好きで、一日のほとんどをその居間で過ごしているロージーだが、最近よく転ぶようになった。高い背もたれのあるリクライニングの椅子は、ボタン一つで角度が変わり、ベッドにも早変わりする一番のお気に入りだが、一旦立ち上がって用事を済ませ、再びそこに戻ろうとしてもできず、そのまま床の上にへたり込むことがあった。

「椅子に戻れない」

「腰を打った」

事あるごとに子供達に電話をかけ、その度に電話の向こうから、困り果てた溜息混じりの声が漏れて来るようになった。ヘレンが車で駆けつけるには、交通量の多い高速道路を4時間飛ばさなくてはならなかった。


子供達は話し合い、有料の介護師に来てもらうことにした。始めは日に一回だったが、その内に、朝、昼、夕方の三回になった。主に着替え、食事、入浴の世話をしてもらった。

先日、こんな事があった。ボランティアの車が2台とパトカーが1台同時に自宅で出くわす事態が発生したのだ。

カナダでは、様々な形で独居老人の生活を支援する方法がある。セキュリティー会社による緊急の場合のサポートシステムもその一つで、ロージーと子供達が話し合い、契約した。

セキュリティー会社と、その会社に登録しているロージーの隣人2名のボランティアと、警察の4つが協力して、ロージーからのSOSで、迅速な救援をするシステムである。月30ドルを払うと、ロージーが首からぶら下げているペンダントのブザーによって、まず、一番近くに住むボランティアが直行する。万が一、直ぐに対応できなければ、二番目のボランティアが急行する。最終的には警察が馳せ参じる。また、ロージーが一日の大半を過ごす居間や台所にはアラームやスピーカーが設置され、セキュリティー会社とロージーはそのスピーカーを通していつでも話すことができる。

この日は、ロージーがペンダントのボタンを押したことで、何故か3個所から同時に駆けつけて来る羽目になり、近所中が大騒ぎになったのである。

ロージーは、ペンダントなど首に掛けたくはなかった。セキュリティー会社は、24時間掛けておくようにと指導するが、

「寝返りを打った際に、誤ってブザーを押してしまったらどうなるだろう」

という心配が頭から離れないので、寝る前によく外した。そして、朝になってもそのまま装着するのを忘れ、いざ人を呼びたい時に手元にペンダントがないということが度々あった。そのつど家族から注意されていた。しかし、仮に何かあっても、子供か孫が手助けしてくれるだろうという安心感が、ロージーをこの家に留まらせていた。

カナダでの80年、ロージーは、ポーランドに帰ることは1度もなかった。経済的に困難なのはわかっていたし、夫や3人の子供達の世話をしなければならないと感じていたからだ。

唯一の贅沢、こだわりは靴にあった。質の良い、お洒落なデザインの靴を履いた。これは、彼女の父マイケルの、ツィガニ時代の職業と関係があるのではないかと、子供や孫達は感じている。

満足に教育も受けられなかった自分達夫婦に比べ、子や孫は高等教育が受けられ、博士号を取得する者もいる。それぞれが専門分野で働き、社会に貢献している。自分達の努力が報われたのだ。

夫が着ていた古いジャケットが、納戸の奥からひょっこり出て来たことがあった。孫のジェレミーが袖を通すと、身頃も袖丈もぴったりだったのには驚かされた。ジェレミーは容姿だけでなく、男らしいジョセフの性格をも引き継いでいるように思えた。

ロージーと子供達は言う。

「これは、特別な家族の歴史ではない。当時、多くの人々が貧困に苦しみ、母国を去り、海を渡った。中には夢半ばにしてあえなく帰国を余儀なくされた者もいたが、苦労の末、自分達はカナダに根を下ろした。ウィテク家も、クリロ家も、いつかは努力の実る日が来ると信じ、家族が気持ちを一つにし、困難に打ち勝ってきた。私達は、特別な家族ではない」

２０１０年1月１８日。３人の子供達が見守る中、ロージーは静かに息を引き取った。享年９１。葬儀はカソリック教会で行われ、ロージーの棺は、かつてロージーが住み慣れたベイリー通りを車でゆっくりと進み、共同墓地まで運ばれた。

その年、二女のバレリーは退職を機に、ロージーが晩年を過ごした家に移り住み、夫のリックRickと暮らしている。かつてロージーがしていたように、市場に出荷するニンニク、ブドウ、ブルーベリーなどの他、花や鑑賞用の灌木も作っている。一頭の馬に加え、三頭の乳牛が増えた。赤くて可愛い納屋も完成させたばかりだ。

２００８年、ポーランドのツィガニを訪ねた娘達は、かつてロージーが住んでいた家のまわりの小石を拾い集め、持って帰った。彼女はその石を受け取ると、何も言わずただ触っていたという。

思いがけないお土産は、石けりをしていた少女時代を懐かしく思い出させ、と同時に、９０年の時の流れを思い起こさせたのかもしれない。その石は今、ロージーの墓石の周囲に撒かれている。

第Ⅱ部　リリアンのひとり暮らし

リリアン・キャンベルの系譜

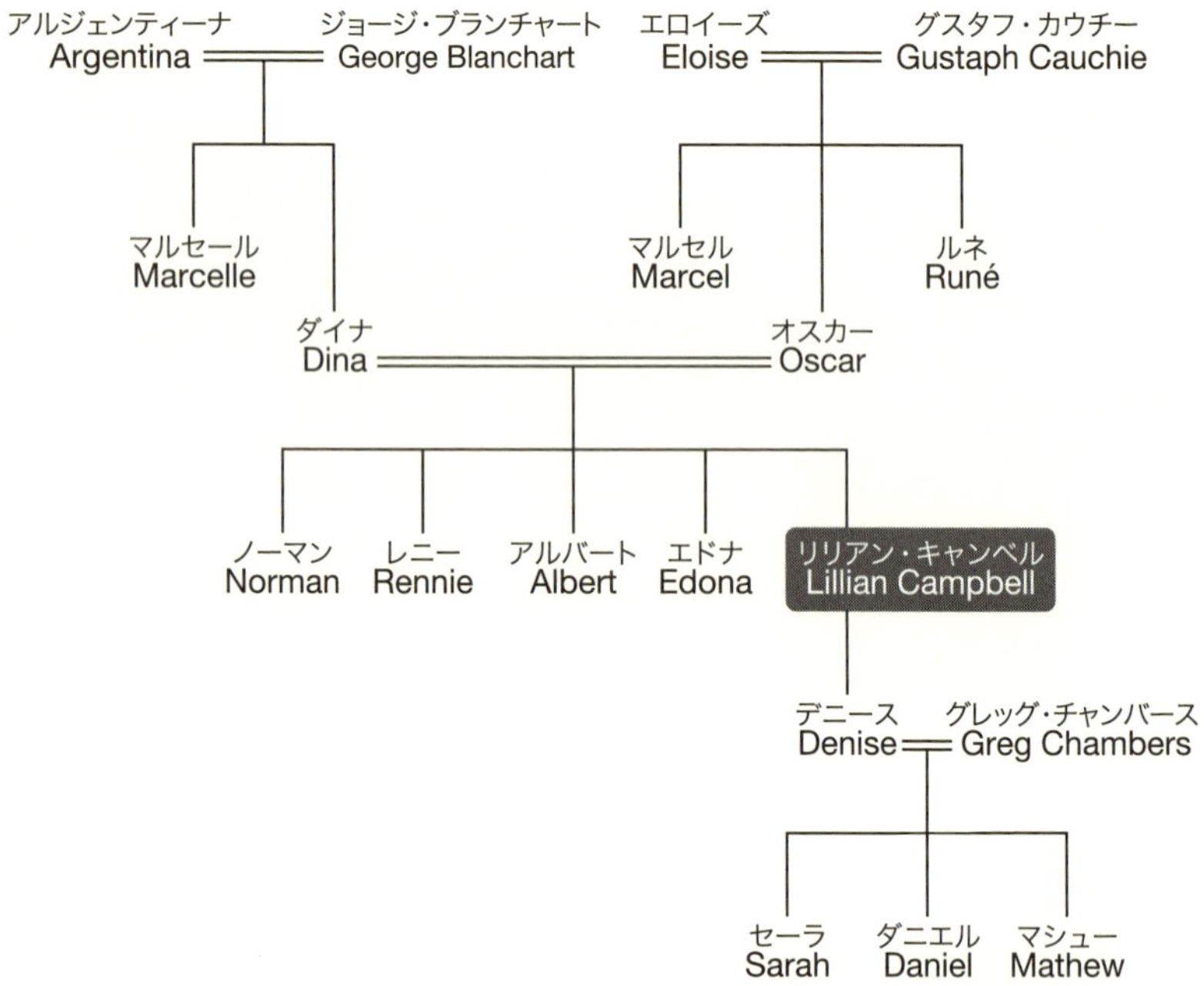

第1章　カナダの生活スタイル

親子関係

「親は親、子は子」

といえば、一線を画するような冷たい響きの言葉だが、これはカナダ人の基本的な生活スタイルである。

子供が20歳近くになるかあるいは結婚したら、親元を離れ、どんなに狭くとも部屋を借りて独立するのが普通である。ただ、最近はバンクーバーのような都市では物価が上昇し、アパートの家賃が高くなり、親と同居せざるを得ない若者達が増えているのは確かだが、結婚後も同居を続けることは少ない。一人住まいではなく、「シェアハウス」のように、複数の男女が集団生活をするスタイルもある。

平均寿命82歳のカナダは、日本とほぼ肩を並べる長寿国で、世界第4位を誇る。子供達は、別居の親が老齢になり介護の必要が生じたからと、同居を始めることはない。その子供達もまた親となり、齢を重ねても、自分達の親がそうであったように夫婦二人で、万が一どちらかが亡くなった後は一人で、暮らして行く。そして子供や介護師が通いの介護をしても自宅で暮らせなくなった時は、老人介護施設に入るのが一般的だ。

カナダ人が同居をしないからといって、親子のつながりが弱いわけではない。誕生日、クリスマス、結婚記念日などの大切な日や、長期休暇には、必ず家族団らんの時間を持つ。共働きが一般的なこの国では、若い夫婦に代わって祖父母が孫の世話をするために互いの家を行き来する光景をよく目の当たりにする。親は、我が子が幼くても一人前に扱い、一通りの意見を聞く。子供が成長すると、互いに相手のプライバシーを尊重した大人同志のつきあいをする。その一つの例を紹介する。

リリアン・キャンベルLillian Campbell、89歳。ブリティッシュ・コロンビア州バンクーバー市で暮らす、ベルギーからの移民二世である。

彼女の暮らしは、いってみれば「質実剛健」を旨としたものである。とことん無駄を省き、あくまでも自分流の生活スタイルを貫いて生きている。「自主自立」「質素倹約」「知的生活」「絆」など、まさにリリアンにピッタリの言葉である。

リリアンは年金生活者としてかなりの収入がある。1965年に資金をかき集め、1万3500ドルで購入した自宅の土地と建物も、今や1・2ミリオンドル（1億2千万円）の評価額になった。一階部分と同じ広さの半地下室のある、一人暮らしには十分過ぎる広さの一戸建ては、空いている部屋をアメリカや日本からの旅行者に賃貸している。時には、知り合いの子供達の家庭教師を頼まれ、パートタイムの収入もある。

リリアンの生活感覚

経済的に恵まれた彼女だが、服装一つ取ってみても、およそドレスアップとはほど遠く、卸売りの大型チェーン、コストコCOSTCOで買った伸縮性のあるトレーナーやベスト、あるいはポロシャツにスラックスといったスポーティーな物を好んで着ている。すべて自宅の洗濯機で洗える物ばかりだ。

年齢がいけばいくほど、ピンクなど時には鮮やか過ぎるほどの化粧をする女性が多いカナダの中で、リリアンは全く化粧をしない。口紅すらつけない。パーマっ気のない髪は、耳の下のあたりでザックリ切ったままだ。

当然食生活にも凝らない。週に一度、自家製のパンやマフィンを焼き、ブラックコーヒーで朝食にする。過食はしない。小さな裏庭ではエンドウ豆、インゲン豆、ルバーブなどの野菜を育てている。

水も無駄遣いしない。使う皿の数を極力減らし、洗い物もシャワーもさっと手早く済ませる。以前、日本人の女子学生達がホームステイをしたことがあるが、彼女達の入浴の長さ、また、シャワーを使う時間の長さに驚いていた。

「日本の女の子達は、身体を洗うのに、いったいどれだけの水を使うの？」

恐らく、その学生達はお湯を出しっ放しだったのだろう。

リリアン流のお金の使い方がある。まず、無駄遣いはしない。友人との会食などには喜んで出席するが、財布の紐は堅く、自分からは進んで払わない。ところが、国際NGOのフォスタープラン（里親制度）で、アフリカに継続的な援助を続けていたのだ。特定の子供達と手紙のやり取りをし、自宅の居間には、その子供達の可愛い写真が飾ってあった。

ここ1、2年、そのフォスタープランを止め、新たに、キリスト教主催の組織「Union

Gospel Mission」（以下ＵＧＭ）への寄付を始めた。ＵＧＭは、バンクーバー市内の浮浪者に食事、ベッドまたは安い住宅、勤め口などを提供し、また、子供達の教育の相談、アルコールと薬物依存症を断ち切る手伝いなどの活動をしている。リリアンはＵＧＭ主催の会食会にも参加する。

そして、「デビッド・スズキ基金 David Suzuki Foundation 」に長年にわたり寄付を続けている。生物学者であり、環境問題活動家、ブリティッシュ・コロンビア大学（以下、ＵＢＣ）名誉教授など様々な肩書を持つデビッド・スズキは、日系3世で、かつて国民から「現存する最も偉大なカナダ人」に選ばれたことがある。栄誉あるカナダ勲章「オーダー・オブ・カナダ The Order of Canada」を授与され、カナダの代表的テレビ局ＣＢＣの科学番組「The Nature of Things」を担当したことがきっかけで一気に人気が出た。今でも将来の夢はと尋ねられた子供達の多くは、

「デビッド・スズキのようになりたい」

というほどの、憧れの人物である。リリアンは、自然保護の重要性を訴えてそれに取り組む彼の考え方、生き方に共鳴している。また、スピーチの上手さで有名になったスズキの娘セバン・スズキ Severn Suzuki に対しても、環境学者として非常に期待している。

リリアンは、繁華街の店先や歩道に座り、空き缶を前に置いて物乞いをする人を見ると、いつもコインを数枚その缶の中に入れる。また、週に1、2回リリアン宅に来る、フィリピン人の掃除婦には、1回3時間の仕事に対し、相場では30ドルから35ドルのところ、50ドルを払う。リリアンは自分と同じ移民として、その女性の生活の苦しさを理解していて、少しでも暮らしの足しになればという思いである。その女性のひとり息子の誕生日には、チョコレートのようなささやかなプレゼントも準備する。かつては、品物の代わりに現金を渡していたが、彼が薬物に走っていると聞いて以来、それを止めた。

「渡したお金で麻薬を買うだろうから」

と言う。

彼女には、ボランティア仲間が非常に多い。月曜日は2週間おきに、車を走らせて図書館に出かけ、本の整理や館内の巡回をしている。そして最近ではその回数こそ減ったものの、中国、台湾、韓国、ベトナム、フィリピン、日本などの新移住者を対象にした、ユダヤ教会での英語の授業も受け持つ。最近までは、毎夏バンクーバーで開催される国際映画際の会場内で受付や案内係をしていた。

彼女はテレビというものをめったに見ない。3年前、誕生日のプレゼントとして、娘とその家族から大型スクリーンのテレビが贈られた。それでも、彼女はラジオの方を好む。そして非常な読書家である。これは子供の時からの習慣のようである。映画やコンサートに、また、週2回の水泳教室や週1回の体操教室のエクササイズも欠かさない。その他、教員の退職者の会にも出向いて昼食を共にし、交流を深めている。

第2章　カウチー家の移住

ベルギーという国

ベルギー王国といえば、首都・ブリュッセルにＥＥＣ（欧州連合、現ＥＵ）やＮＡＴＯ（北大西洋条約機構）の本部が集結することで広く知られる。ヨーロッパ北西部に位置するこの国は、フランス、ドイツ、オランダ、ルクセンブルクに囲まれ、西側は、北海を隔ててイギリスに面している。オランダ、ルクセンブルクと合わせてベネルクス三国と呼ばれ、四国ほどの面積の小国で、内陸は低地地帯である。そのため、地形はオランダとよく似ている。温暖で、平均して寒暖の差があまりなく、大量の雨がよく降る。

かつてオランダに属していたが、１８３０年に独立し、１８３９年に永世中立国となった。初代国王はレオポルド1世で、１８６５年、父の跡を継いだのがレオポルド2世である。

この間にベルギーはめざましい発展を見せた。１８８５年にはアフリカのコンゴを領有し、１９６０年まで支配した。１９０９年、アルベール１世が第３代国王となり、第一次世界大戦では、１９１４年にドイツの占領下に置かれた。これはその６年前の物語である。

リリアンの祖父

ベルギー西部、エノー州 Hainaut の州都・モンス Mons の西にある小さな町グレイン Ghlin。フランスとの国境が近いので、人々の多くはフランス語を話し、１０００年以上の歴史のある町である。

１９０８年、リリアン・キャンベルの父、オスカー・アンドレ・カウチー Oscar Andre Cauchie は、生まれたこの町を離れ、父グスタフ Gustaph、母エロイーズ Eloise と、兄ルネ René 弟マルセル Marcele と共にカナダに渡った。この時オスカーは8歳だった。

オスカーの父グスタフは、フランス生まれで、城の近くの路傍に捨てられていたのを通行人に発見された。成長してベルギーでコックになり、カナダへの移住を決意した時、彼はグレインの町で妻のエロイーズとカフェバーを経営していた。カフェバーといっても当時のことで、赤ん坊を連れた客がコーヒーを飲みに来ることもあれば、親に連れられた子供も出入りするような、そんな庶民的な店だった。

ベルギーは小国なので、政府の目が細かく行き届き、しかも法律は厳しく、日常生活に制約が多かった。カナダの国土の広さと自由への憧れ、若い国に対する期待、そしてグスタフの呼吸器系の持病の心配もあり、生活を一変すべく移住を決断した。

着いた港は、カナダ東部、アメリカとの国境に近いモントリオールだった。そこから西へと移動し、アルバータ州の南部にやって来た。ブリティッシュ・コロンビア州との境界であり、またモンタナ州（ＵＳＡ）との国境にも近い山の中、クローズネスト・パス Crowsnest Pass の小さな町ブレアモア Blairmore での生活が始まった。当時この地域は、官有地として政府が宿泊所などに使っていた。

グスタフは鉱山で働き始め、オスカーはこの町の学校に通うことになった。

英語が話せないカウチー一家は、当然のように、暮らし始めてすぐに言葉の壁にぶつかった。ある日どうしてもコーヒー挽き器が必要になり、幼い弟マルセルが近所に借りに行くことになった。出がけに両親がこう教えた。

「いいか。まず、『グッドモーニングGood Morning!』と挨拶しなさい。そして、『ミリングコフィーMilling Coffee!』と、ただそれだけ言えば良い」

と。

この結末がどうだったかは、定かではないが、恐らくコーヒー挽き器を借りることはできなかっただろうと孫のリリアンは想像する。

周りの人々がそうだったように、グスタフ達もライフル銃を片手に森でウサギや鳥を撃ち、食糧にした。夏にはベリーなどの木の実を摘んだ。

1913年、一家は、州都エドモントンの約240キロ西にある町、マールボーロMarlboroへ移った。ささやかな農業をする傍ら、グスタフと13歳のオスカーは、セメント工場で働いた。手に入れたわずかな現金で、野菜や鶏を買った。1915年、一家はエドモントンの北、ラガールLegalへと移動した。こうして1908年に入植して以来、オスカーは家族と共にアルバータを転々とした。

1920年、オスカーは兵役につくことになり、家族と一緒に母国ベルギーに戻った。そしてグフタス達は、以前経営していたグレインの町のカフェバーを再開することになった。

1921年、オスカーは陸軍に入隊した。

両親の移住

1924年、オスカー・アンドレ・カウチーは、ベルギーの西フランダース州にあるオステンド港 Ostend から再び海を渡り、モントリオールの港に降り立った。この時、彼は24歳。ドイツのアーカン Achen に配属され、2年間の兵役を終えたばかりだった。

彼の傍らには他に3人の男女の姿があった。一人は新妻のダイナ Dina だった。旧姓は、ダイナ・メラニー・ブランチャート Dina Melanie Blanchart といい、1903年にオスカーと同じくグレインの町で生まれ、婦人服の縫い子として洋服屋で働いていた。この時、おなかの中にはリリアンがいた。

他の二人は、ダイナの父親ジョージ・ブランチャート George Blanchart と、ダイナの妹マルセール Marcelle である。家族から「パパジョージ」と呼ばれるダイナの父親は、1881年生まれの鉱山労働者だった。住んでいたグレインの石造りの家を売り払って、娘夫婦について来た。出国にあたっては、役場に25ドルを支払った。ダイナの母親アルジェンティーナ Argentina は早くに亡くなり、15歳年の離れたダイナが母親代わりにマルセールのめんどうを見ていた。

モントリオールから汽車に揺られ、エドモントン市の西ゲインフォード Gainford とエントウィスル Entwistle の近くの町、スタイアル Styal（現存しない）へ向かった。オスカーにとっては懐かしい大平原の景色だった。厳しい法律により制約されるベルギーでの貧しい暮らしの中で、兵役も終わり、結婚し、再びカナダへの移住を決めた。ベルギーとは比べものにならない広大な土地で、何かをつかむチャンスがあるに違いない。そんな期待を持っていた。しかも、かつてオスカーは少年時代をここで生活した経験があり、エドモントン周辺には土地勘があった。金持ちも貧乏人も世界中からやって来た。ただ、ベルギーからの移民はさほど多くはなかった。

スタイアルでの生活が始まった。妊娠していたダイナは、1924年9月1日、第一子、長女リリアンを生み、パパジョージが取り上げた。自宅での出産は、よくあることだった。

そして2年後の1926年には、スタイアルの東の町、エントウィスルで、妹のエドナ Edona が生まれた。ここはスタイアルに比べ規模が大きく移民が少ない町だったが、オスカーとダイナは運良く炭鉱での仕事を見つけ、会社が持つ粗末な調理小屋で料理を作り、鉱夫達にそれを提供した。３か月ほど住み込みで働き、冬の良い稼ぎになった。

第3章　開拓地の暮らし

農地の開拓

１９２８年、一家はエドモントンから北西に広がる大平原、ピースリバーカントリー Peace River Country に移った。カントリーといっても国ではなく、北アルバータからブリティッシュ・コロンビア州にかけての広大な地域の名称である。気候の変動も激しく、１９５０年冬の、中心部の気温零下５２度という記録が残る。

いよいよ、大陸横断鉄道のエニルダ駅 Enilda から、１０キロ北にあるビッグ・メドウ Big Meadow という小さな町での生活が始まった。どこもかしこも樹木に覆われ、移民が非常に少なく、郵便局と唯一の雑貨店はエニルダの駅にしかなかった。大人用だったが、自転車に乗れるようになると、リリアンは妹と交代でお使いに行った。雑貨店には、ダイナが作るパンや焼き菓子の材料になる小麦粉、砂糖、塩、バニラ、ココナッツ、ウォールナッツなどが売っていて、何とも楽しいお使いだった。

まず、オスカー達は1区画64haの土地を買った。そこにはすでに古い小さな家と納屋が建っていたので、パパジョージを含むオスカー一家はさっそく住み始めた。ここで暮らしながら、土地所有権法「Free Land Homestead Act」の申請をした。

1872年、カナダ政府が制定した土地所有権法は、未開拓の土地の開発を奨励するための法令である。21歳以上の移住者を対象に、一人1区画約64haの土地を与え、少なくともその内の16haを開墾した後、穀物や家畜の餌になる草を育て、敷地内に一定の永住用の家を3年以内に建てたと認められる者には所有権を与え、無償でその土地を提供するというものである。ただし、登録料として1区画10ドルを払わねばならなかった。

オスカーとパパジョージは、それぞれ1区画ずつの広大な土地を手に入れた。

二つの土地は隣接していたものの、間に道が通っていた。本来ならば、ダイナの割り当てとしてもう1区画が許されたのだが、なぜか手続きをしなかった。家族は後にその事を後悔している。

土地は、ひどいあり様だった。まず、一面を覆う木々の伐採からしなければならなかった。彼等は所有権法の条件を満たすために、土地のすべてを整地し、その内４haを畑にするために、鋤で耕し、畝を立て、種を蒔いた。

しかし、気候がきびしく農作業は辛かった。特に冬場は零下３０度、４０度の日々が続いた。夏は暑く、蚊が多く発生した。一日の作業を終え畑から上がっても、親しい友人もなく寂しかった。近所は、といっても1キロ以上離れていたが、アメリカ、イギリス、フランス、ベルギー、スウェーデン、デンマーク、ノルウェー、ウクライナからの移民と、先住民が住んでいた。当然このあたりでは、異民族間の結婚が多かった。

慣れない農作業だったが、徐々に地域の人々とも親しく話をするようになり、農業に詳しい人からは、技術を習うこともあった。主に大麦、小麦、オーツ麦（燕麦）を植え、別な畑では、冬に備えて牛にあたえる草を栽培した。乳牛、豚、鶏、ガチョウ、七面鳥などを飼い、増やした。

「七面鳥を持ってないのか、それじゃあ家にあるのを一羽やろう」

というように、入植者の間では相互に助け合う良い関係が築かれていった。

ベルギーでは一般的に蕪やトウモロコシは家畜の餌用に作られ、人が食べる習慣はなかったが、ここではパパジョージも他の人々と同じように作り、食べるようになった。

オスカーとパパジョージは、畑の仕事以外にも、家畜の世話、牛の乳搾り、納屋の掃除などの作業があった。木の伐採も重要な仕事の一つで、倒した大木を、ガスノコギリを使ってさらに小さく切り割った。それらは主に、ストーブ用の薪になった。

また、貴重な氷を夏まで貯蔵するために、氷室を作る必要があった。冬になると、湖から氷を切り出し、それをひと塊の大きさに切り分け、家まで運んだ。地面の上にそれを重ねて積み上げ、屋根になる部分は2フィート（60センチ）、周囲は3フィートの厚みのおが屑で覆った。氷はその都度氷室から出し、溶かしては料理などに使った。

一方、女性達も忙しかった。ダイナは食料を上手く保存することに努めた。

肉、野菜、豆類、野生の果物などを缶詰にした。また、地面に穴を掘っただけの簡単な氷室には、人参、ジャガイモ、砂糖大根などを保冷し、その上を藁で覆った。冬場、鶏を絞めた後に吊って凍らせ、同じ様にそこに蓄えた。

リリアンが10歳になる頃、区画内に家を建てることになった。親も子も自分達の新築の家ができることに興奮していた。その後も、納屋、家畜小屋、穀物倉庫などを次々に建てていった。しかし、オスカー一家が最初に買った古い小さな家のある土地は、ローンが払えず、結局元の所有者に返さざるを得なかった。

日々の暮らし

新しい暮らしにはすべて人の手がかかった。電気はなく、石油ランプを使った。ベルギーでは、電化された暮らしに慣れていた彼等にとって、不自由この上なかった。煤でランプの中が真っ黒になり、しょっちゅう掃除をしなければならなかった。水道もなかった。水井戸はあったが、水質が悪く、飲料や料理用に使う水は、氷室の氷を溶かして使った。水が貴重なため普段風呂に入ることはなく、スポンジのような物を水でぬらし、単に身体を拭く程度だった。

洗濯はダイナが毎週月曜と決め、貯めた雨水や、沼地から運んで来た水をこして中の虫を取り除き、たらいに移して洗った。それで食器を洗うこともあった。風呂に入るようになると、冬場は、空になった大きな油缶を台所のストーブのそばに置き、外から雪を取って来てその中に入れて溶かした。それを風呂桶にいれ、別にストーブで沸騰させた湯と混ぜて適温にして使った。トイレは外に穴を掘って用を足した。家の外にあるので、

「アウトハウス Outhouse」

と呼んだ。

料理は薪ストーブで作った。近所の人に教わり、パンを一度にまとめて焼いては、それを雪の上に置いて保存した。室内の暖房は料理用よりも大きな薪ストーブを使った。小さな薪は料理用に、大きな薪は暖房用にと、薪の準備は欠かせなかった。

車はなく、馬に乗って出かけた。ソリのように雪や氷の上を走る大きなワゴンがあり、4頭の馬が曳いた。屋根がなくむき出しなので、ストーブでレンガを熱して古い毛布で包み、ワゴンの床に置き、その上に足を乗せて暖を取った。遠出にもそのワゴンで行った。家に電気と水道がついたのは、リリアンが20歳になる1943年から1944年にかけてのことである。

隣の家まで行くのにも徒歩で20分かかり、人と接触する機会がめったにないので、伝染病にもかからず、水ぼうそうになったのは大人になってからである。子供達は学校で教育を

受け、英語が見る見る上達していったが、問題は親達にあった。それでも地域のグループに加わり、友人ができると、少しずつだが言葉を覚えていった。

幸いビッグメドウには様々な交流の場があった。その一つが脱穀の会「Threshing Crew」である。これは、お互いに農作業を手伝う、男性からなる5、6人のグループだった。刈り入れ、脱穀、干し草の積み上げなどが主な仕事だったが、当時、脱穀機は高価で買えず、持っている人に料金を払って借りていた。また、刈った麦を乾燥させるために、稲むらと同じように麦の束を作り、傘のように裾広がりに立て掛ける野積みの手作業もあった。

当日手伝いに来てもらう家は、奥さんがパイやケーキを焼き、コーヒーと共にもてなした。料理の上手、下手、あるいはもてなし方などが評判になるので、彼女達は準備に余念がなかった。

婦人の会「Women's Institute」もあった。皆はそれを略して「ダブリュ・アイ（ＷＩ）」と呼んだ。若い娘からお年寄りまでの１５名ほどの会で、毎月1回、持ち回りで自宅での会合を開いており、かなり習慣化されていた。交流を深めることが目的で、新移住者であるダイナにとっては大変有難い集いだった。母国の代表的な料理を紹介し合うこともあった。スウェーデンの肉団子「ショットブッラル Köttbullar」やドイツのキャベツの塩漬け「ザウアークラウト Sauerkraut」もその一つだった。ダイナが当番の時は、すみずみまで掃除をし、お洒落なケーキや、クッキー、サンドイッチなどに趣向を凝らし、世話人として役目を果たした。

キルト作りの会「Quilting Bee」もあり、ベルギーで婦人服の仕立てをしていたダイナは早速入会した。ベルギーはもともとボビンレースやニードル・ポイント・レースなどの伝統的な手工芸があり、ダイナはレース編みのみならず、キルトやパッチワーク、アップリケなどの腕には自信を持っていた。ビッグメドウズの町の集会所で開かれたこの集まりでは、主として、地域のパーティーや会合のくじ引きの賞品になるキルトを作り、結婚祝いや出産祝いも準備された。縫い物をしながらのおしゃべりは、恰好の情報交換の場だった。

また、老若男女が集う、年に1度の大きな夕食会である「チキンサパー Chicken Supper」も集会所で催された。誰もがこの日を楽しみにしていた。一家族25セントを払い、各家庭から料理を持ち寄るポトラック形式 Potluck である。

チキンの料理はもちろん、パイ、マッシュポテト、ピクルス、サラダ、ケーキなどが並んだ。飲み物は紅茶とコーヒー。男性は建物の外で軽くアルコールを飲む程度だった。食事がすむと、赤ん坊や子供は眠り、若者達はダンスをした。年配者はそれを見て楽しんだ。チキンサパーは「ターキーサパー Turkey Supper」とも言った。

集会所は、十分な広さがあるものの一部屋しかなく、それを様々な用途に使っていたので、金曜の夜などはダンスパーティーのために、室内の椅子をすべて隅に寄せ広間にした。土曜には、「ホイスト・ドライブ Whist Drive」というトランプゲームの集まりがあった。ホイストとは、ブリッジの元になるゲームのことである。

冠婚葬祭も普通にここで行われた。日曜は教会として使い、冬の間を除き、ハイプレーリー High Prairie から毎週牧師がやって来た。結婚式は日曜に挙げられ、祝宴には子供達も出席した。新郎・新婦への祝いは、主に現金、品物、料理などだった。出産は自宅でするのが通常で、葬式は教会の関係者を中心に執り行われ、土葬だった。

第4章　リリアンの少女時代

家の手伝い

二人の娘がすくすくと成長する中で、カウチー家には家族が増えた。

１９３４年、ダイナは病院に向かう途中、長男のアルバートAlbertを出産した。

１９４１年には、二男のレニーRennieが生まれた。この日はあいにくの吹雪で、遠い病院まで行くことができず、夫のオスカーが取り上げた。１９４４年、三男ノーマンNormanが病院で生まれた。


日々忙しい両親に代わり、ダイナの妹マルセールが家の中でよく働いた。長女リリアンの役目も大きかった。幼い時から家事や農作業を仕込まれた。

たとえば、５歳になる頃には、配膳をし、使った食器を流しに運び、テーブルの上を元のようにしておいた。また、豆をサヤから出すような簡単な料理の手伝いをしていた。ダイナやマルセールが取り込んだ、山のような洗濯物を受け取って家の中に運ぶのもリリアンの仕事だった。

１０歳になると、春には大麦、小麦、カラス麦などの種を蒔く手伝いをし、夏になると、ガスノコギリを使って父親達が裁断した大小様々の木材を、ストーブの薪用にさらに細かく割り、決められた場所にきれいに積み上げた。妹も手伝えるようになると、二人でせっせと薪を運んだ。毎日牛や豚に餌をやり、その小屋の掃除をした。

１２、３歳。この頃には一人前に働いた。農作業は大人達がし、リリアンは家畜の世話が主で、牛乳も搾った。家族が飲む乳を少し取り置き、パパジョージが残りの乳を入れた遠心分離機は、レバーを回すと、上には生クリームが、下にはスキムミルクが溜まる仕組みになっていた。そのクリームを馬に積んで１０キロ先のエニルダの駅まで運び、エドモントン行きの貨物列車で出荷していた。手間暇がかかる割に、もうけは非常に少なかった。

リリアンの仕事は、生クリームを取る度に、使った容器を洗うことだった。１メートルほどの高さの金属製で、しかも３０本近い金属のコードが付いている分離機から、スキムミルクの容器を取り外して洗い、乾燥させるのだが、非常に骨の折れる仕事だった。

洗濯用の水を運ぶことも大切なリリアンの役目だった。沼地まで歩いて行き、きれいに洗ったオイル缶の中に水を汲み、それをストーンボートの中央に乗せて、家までの道を馬に曳かせた。

ストーンボートとは、本来、石の内側をくり抜いて舟形にし、底を平らに削って運搬に使用するソリのことをいうが、カウチー家のそれは、ポプラなどの木を利用して、まず長さ3メートルほどの丸太2本を平行に置き、その上に横板を渡し、筏のように組み立て、釘で固定した物だった。一家はなぜかこれを「ストーンボート」と呼び、ロープをくり付けて運んだ。せっかく運んだ水の中には、たくさんの虫が入っていてそのままでは使えないので、古いチーズクロス（薄地の綿布）でこした。

また、近くの森で野イチゴ、ラズベリー、クランベリーを摘み、野菜などを缶詰にする母の手伝いもした。鶏小屋の卵を集めては、1ダース10セントで近所の人達に売った。

学校の日々

家の手伝いをする一方で、学校にも行き始めた。村には唯一の学校があり、6歳から15歳までの子供達17人が通っていた。リリアンは、小学校1年生から5年生までをここで過ごした。老朽化した教会の建物をそのまま校舎として使っていたが、彼女が小学校6年生になると、その建物が壊れ、それ以上使えなくなった。急遽、村の集会所を使っての学校再開が決まり、日中は学校として、夜は地域の人々の会合の場として使うことになった。半年後、ようやく別な場所に学校が建った。

新しい学校の名前は、地域の名前を取り「大草原 Big Medow」だったが、名前から浮ぶイメージとは裏腹に、あたり一面木々が生い茂っていたので、子供達は、

「どこが大草原だ。藪だらけじゃないか」

などと言って笑っていた。男性教師がたった一人で教えていたが、生徒が言うことを聞かない時には、よく罰を与えた。長さ20センチ、幅4、5センチほどの革でその生徒の手の平をきつく打った。次第にその箇所が腫れてくるほど打つので、リリアンはその先生が嫌で嫌でたまらなかった。

「サディスティックな先生だった」

と不機嫌な顔で、少々投げ捨てるように言う。生徒に対するこのような罰は、彼女が20

代になっても一般的に容認されていた。

生徒の出身国は様々だった。イギリス、アメリカ、ポーランド、ウクライナ、スウェーデン、ノルウェー、デンマーク、ベルギー、そして先住民のクリー族 Cree だった。不思議といじめはなかったが、冗談でからかうくらいのことはあった。

生活していく内に、自分と友達、あるいはその友達の家族との違いを感じ始めていた。特に顔つき、服装、習慣などに明らかな特徴があった。

友達はリリアンや妹、弟のことを、

「ベルギー人は馬を食べるじゃないか」

などとからかった。事実、ベルギーでは普通に馬肉を食べていたので、

「それの、どこが悪い？」

とリリアン達は黙ってなかった。

「そっちこそ、ニンニク臭い、臭い」

と逆襲に出た。

隣の町には多くのポーランド人とウクライナ人が住んでいて、普段からよくニンニクを食べていた。当時地元では、あまりニンニクを食する習慣がなかったので、学校でニンニクの臭いをさせている子がいると、はやし立てた。

クリー族の子供達は、学校で彼等の言語の使用を禁止されていたわけではないが、徐々に英語を学び、話すことができるようになった。

初めの内は国籍によって服装がまるで違った。たとえばリリアンと妹は、ベルギー風の黒のショールを肩に掛けて通学していた。ウクライナ人は伝統的な帽子を被っていた。しかし、その内次第に皆が同じ様な服装をするようになっていった。

義務教育が終わる9年生（14歳頃）の終了間際、進路を決める大きな試験があった。先生は一人で全学年を見なければならず、リリアン達受験生にはひと言だけこう言った。

「とにかく教科書をよく読みなさい」

リリアンは真面目によく勉強した。試験の結果は、成績の良い順にA、B、C、Dの4つに分類された。Aは進学と就職のすべてのチャンスが与えられた。Bは看護師への道につながった。Cは美容師などに進んだ。Dは落第だった。リリアンはAを取り、高校進学を決めた。

家を離れて

リリアンは高校入学と同時に、家族と離れて暮らすことになった。15歳の時である。エニルダの駅の一つ西にハイプレーリーという大きな町があった。ストアーが3、4軒あり、ビッグメドウに比べると人通りも多くはるかに活気があった。彼女は、町に住むフェイバイン家Fewangに住み込み、通学することになった。家賃、食費、教材費などすべてをフェイバイン家が面倒を見てくれる代わりに、彼女は毎月5ドルをここに払い、勉強の合間に夫人の手伝いをする条件だった。

フェイバイン家はノルウェーからの移民で、保険会社を経営しており、非常に裕福な家だった。リリアンは、

「贅沢な暮らしだった」

「夢のような生活だった」

と当時を振り返って言う。

フェイバイン一家は、大きな家に住み、車を所有していた。家の中には電気が通り、スイッチ一つで電灯も点いた。水道や下水設備も整っており、風呂場には浴槽もあり、トイレは水

洗だった。当時としては珍しい石炭を使った室内暖房の設備があった。料理が得意な夫人は、薪ストーブでステーキ、シチュー、グリルした魚などを作った。リリアンの部屋は2階の個室で、広さも十分にあり、食事は家族と一緒に同じ料理を食べた。

リリアンの日課は次のようになる。

午前7時から7時半に起床。朝食の準備を手伝い、食事がすむと皆の食器を洗って登校した。ハイプレーリー高校までは歩いて15分ほどの距離だった。授業は9時に始まり、午後3時半頃に終わった。

すぐに帰宅すると、夫人は夫の会社に行くと言って外出することが多く、食器洗い、アイロン掛け、床洗い、床拭き、床のワックス掛けなどの仕事が彼女を待っていた。当時のアイロンがけは時間がかかった。鉄製のアイロンをストーブの上で熱して使うのだが、効率良くかけるために、4台のアイロンを交互に使っていた。当時まだ電気アイロンは高価な物で、フェイバイン夫人は持っていたが、リリアンには使わせてもらえなかった。夕方は食事の準備と後片付けを手伝った。夫妻には3歳と5歳の男の子がおり、リリアンの手が空いている時は、いつでも子守りをすることになっていた。

フェイバイン夫人は、決して明るい人ではなかったので、リリアンはただ黙々と働いた。

それでも夜には自室に戻り、宿題をした。小遣いもなく、衣類は実家から持って来ている物でしのいだ。

どれほど豪華な暮らしでも、贅沢な食事であっても、家族と離れ、他人と生活をすることは、彼女にとっての初めての経験であり辛かった。住み込んでいる間も両親は農作業に追われていたので、リリアンは家族と会うこともなかった。父は古い車を持ってはいるが、フェイバイン家までの25キロは道路事情が極めて悪かった。晴天でも1時間は優にかかり、雨天の時は通行ができないほどだった。リリアンはホームシックになった。人生で一番辛い時期だったと振り返る。

夜8時半から9時になると、彼女が毎晩一人で出かけて行く場所があった。歩いて10分ほどの所にある、北アルバータ鉄道NARのハイプレーリー駅である。東部エドモントン行きの、1日1本の客車が通る時間なのだ。西行きは、見たことがなかった。その蒸気機関車の汽笛は、フェイバインの家まで届いた。

その夜も先頭の機関車の照明灯が見えて来た。日によって連結している車両の数が変わった。今夜は25両編成だった。一人で遠ざかる黄色いテールランプを見送った。

ここでは多くの人々が行き来し、友人達にも会えた。特にクリスマスの時期には、乗り降りする人が多かった。アメリカの兵隊達もこの客車を使っていた。１５歳で初めて黒人を見たのもこの駅だった。ここでは貨物列車も不定期に通って行ったが、その車両は延々と続いた。客車に比べ、貨物列車はのろのろと走った。

第5章　教師になって

新任地にて

16歳になると、リリアンはフェイバイン家を出てクローリー夫妻 Crawley の家に移り住んだ。カナダ人の家族で、夫は牧師だった。ここでの仕事も、家事全般と子守りだった。

17歳の時、女友達4人でモーテル（Auto Court）の一室を借り、共同生活を始めた。ダブルベッドが2つ、テーブルが1つ、そして薪ストーブが備え付けてあり、自炊だった。食糧は、それぞれが実家に帰った時に提げて来た。

ある日、アルバイト口を探して一軒のカフェに立ち寄った。恥ずかしがり屋のリリアンに代わり、母親が、

「この子はパイが作れます」

と話したところ、経営者が気に入り、雇ってくれることになった。店で日に3、4個のパ

イを焼くこともあった。

楽しい4人の暮らしだったが、卒業後は皆の進路が分かれた。2人は、町の事務所で働くことになり、もう1人は卒業するとすぐに結婚した。リリアンは、エドモントンで教師養成の訓練を受けた。第二次世界大戦のさなかで、わずか3か月間の教育だった。

1943年、リリアンは19歳で晴れて教師になった。

赴任した先は、エドモントンの近くにある、プレーリーエコー学校 Prairie Echo だった。これは、学区の名称で、地域の人々は好んで、

「ビッグプレーリー学校 Big Prairie」

と呼んだ。生徒は46人。先生はリリアン1人で、1年生から9年生までの全学年を同時に教えなければならず、

「むちゃだった」

と振り返る。

校舎は恐ろしく古かった。学校側は新任のリリアンの住まいとして、その校舎の横のおんぼろの建物を無償で提供してくれた。リリアンは大喜びだったが、引越しについて来てくれた父親とその建物に一歩足を踏み入れてゾッとした。ネズミが数匹走り回っていたのだ。窓

ガラスは破れ、椅子は壊れ、埃だらけの床の上には廃材やガラクタが転がっていた。マットレスすらなく、不衛生で、とても人間の住む所ではなかった。さすがの父もリリアンに言った。

「ここには住まなくて良い。すぐにどこか他の所に引越しなさい」

父の前では我慢したが、1人になると涙があふれた。当時を思い起こして、

「自分は頑固者だったから」

というリリアンは、それから2か月ほどをここで寝起きした。心配した父は、窓を直しに一度だけ来てくれた。

その後、5キロ離れた町で雑貨屋を営む、ドイツ人のマークス夫人Marxの家に移り住んだ。店には、ウクライナ人や先住民が買いに来ていた。部屋代と食事代として、月15ドルから20ドルを払った。学校の給料は安く、生活は楽ではなかった。マークス夫人は息子と二人暮らしで、英語を話した。一方夫のマークスのほうは、レッサースレーブ湖Lesser Slave Lakeの西の端にある、グラワードGrouardという町で雑貨屋を経営しており、家族とは離れて暮らしていた。移民や先住民を相手の商売だった。

リリアンの生徒達は、可愛かった。毎朝8キロから10キロの道のりを馬に乗り、中には

徒歩で通学して来る。しかし、冬になると毎日通えない子供が何人もいて、在籍数こそ４６人だが、実際に登校して来る子供は少なかった。

学校までは、馬で２０分から２５分、徒歩では５０分かかった。リリアンは、サンデーSandyという名前の馬に乗っていたが、学校に行く時は歩みがのろいくせに、帰りは恐ろしく速かった。徒歩で行く時には、馬車でそばを通りかかった人がよく乗せてくれた。

その通勤途中に、先住民のクリー族が住む丸太小屋が一軒ポツンと建っていた。中には、煙突がついた大きな薪ストーブがあり、冬になると道行く人々はここに立ち寄り暖を取らせてもらった。リリアンも１０分ほどここで温まり、再び学校に向かっていた。この家の主人は明るく気さくで、周辺の人ともよく話をしたが、妻は恥ずかしいのか、めったに人前に出て来なかった。

ファーストネーションズFirst Nationsと呼ばれるカナダ先住民には、クリー、ハイダ、ヒューロン、ミクマック族などがいる。中でもクリー族はカナダ最大の先住民の集団で、人口およそ8万人。ここピースリバーカントリーだけでなく、たとえばユーコン準州Yukon Territoryの首都、ホワイトホースWhite Horseなどでも生活していた。アルゴンキアン語Algonquinという独特の言語を持っているが、英語も話せるようになっていった。

非常に手先が器用で、革を使った伝統工芸品に特長があった。モカシン Moccasin と呼ばれる、なめした鹿の一枚革にヤマアザラシの針毛やガラスのビーズをあしらった靴、同様にビーズ刺繍をほどこしたバッグやベストなどの工芸品も作っていた。

クリーはまた、墓地には墓石を建てず、その代りに犬小屋ほどの大きさの家を据え、祖先を祭っていた。彼等がしばしばその祭壇にビールを供えるのを見ていた白人達は、こう話していた。

「クリーは先祖にビールを供え、白人の男達は自分が飲みたくてバーに行く」

時々、クリーや白人を交えたパーティーが催された。インディアンの祭りのパウワウ Pow-wow の小さな規模のものだったが、クリーは音楽が非常に好きで、彼等が弾くバイオリンやギターに合わせ、たき火のまわりで皆が踊った。

リリアンの経歴

リリアンの経歴は次のようになる。

１９４４年、アルバータ州中央部、カムローズ Camrose の近くにある、ビターンレイク学校 Bittern Lake に移動した。初赴任先とは割と近い地域にあった。生徒の内、半分はウクライナ人とロシア人で、残りの半分は先住民と、その混血だった。先住民の女性と、毛皮交易や移民としてカナダにやって来たヨーロッパの男性との異民族間の結婚も多く、その子供をメティス Métis と呼ぶ。

１９４５年、同じく、カムローズの近くにある、ミーティングクリーク学校 Meeting Creek 赴任。

１９４６年、アルバータ州ピースリバーカントリーから、初めてブリティッシュ・コロンビア州のバンクーバーへ移った。バンクーバーの北部、ノーススター小学校 North Star に赴任した。スコットランド人が多い地域で、クラスにたった一人だけ中国人の生徒がいた。姉妹が他のクラスに入っていた。彼女達の母親は、ダウンタウンにあるチャイナタウンで、商店を経営していた。

１９５０年９月から１２月まで、教師向けの訓練学校である、ノーマルスクール Normal

School で学び、当時の教員資格に合わせ、ブリティッシュ・コロンビア州の教員免状を取った。

1951年1月から1952年6月、バンクーバーの北部、ハイランド学校 Highlands School 赴任。

1952年から1953年、ユーコン準州、ホワイトホース学校赴任。生徒には、先住民が多く、彼等の文化に触れる機会が多かった。木彫りなどが得意で、トーテム・ポールを彫り、厄除けに家の前に立てていた。

1953年から1954年、ブリティッシュ・コロンビア州、フォートラングレイ学校 Fort Langley 赴任。

1954年から1957年、ブリティッシュ・コロンビア州、バーナビー学校 Burnaby 赴任。

1957年、結婚。

1958年1月から6月、研修のためオンタリオ州南東部、エトビコーク Etobicoke に滞在。その際、保健省では飲料水について、講義やスライドで学んだ。以後の授業の中で、生徒達に水の重要性を話す機会が増えた。

1959年7月25日、娘デニース Denise が誕生した。

1960年9月から1964年、ブリティッシュ・コロンビア州、リッチモンド市 Richmond、サイドアウェイ学校 Sideaway 赴任。

1964年9月から1965年6月、渡英してロンドンの近くウェンブリー Wembley に住んだ。

カナダとイギリスの教員の交換プログラムで、5歳になるデニースを連れて行った。大きなスタジアムがあり、そこでは飾り付けた馬のショーなどが開催された。

リリアンは憧れのフォルクスワーゲンを買うことにし、注文したその車がドイツから船で運ばれて来た。このイギリス滞在中2度にわたり、愛車を運転して両親の出身地である、べルギーのグレインを訪ねた。1度目は娘と二人で、2度目は弟も同道した。

また、同年、バッキンガム宮殿でのガーデンパーティーに招待された。200名ほどの教員達が来ていたが、出席者には事前に服装などの注意が言い渡されていた。

「袖付きのフォーマルな服、手袋と帽子を着用、香水は使わないこと」

などであった。

ひと口サイズのサンドイッチとケーキ、紅茶のもてなしを受けながら、エリザベス女王を見ると、終始静かで、そっと目を伏せ、リリアンから見るとまるで眠っているかのようだった。滞在を終え帰国する際、彼女は愛車を手放す気はなかった。船でモントリオールに送り、車を受け取った後、再び自分で運転してバンクーバーまで戻った。

1965年6月から1967年9月、リッチモンド市、トンプソン学校 Thompson 赴任。

1966年4月、現在の家を1万3500ドルで購入した。

女友達が、自分の貯金をリリアンに貸してくれた。それを元に、弟レニーから借りたお金と自分の貯金などを合わせて頭金にし、教員組合から資金を借りた。

1967年から1973年、リッチモンド市、トーマスキッド学校 Thomas Kidd 赴任。

1969年、離婚。12年の結婚生活だった。10歳の娘はリリアンが引き取った。

1973年から78年、リッチモンド市、ウォルターリー学校 Walter Lee 赴任。

1978年から1987年、リッチモンド市、ミチョル学校 Mitchell 赴任。

1987年、リリアンは41年間の教員生活に終止符を打った。この間、校長職への勧めもあったが、現場での教育に徹した。

第6章　リリアンを囲む人々

ベルギーとカナダの狭間で

リリアンはベルギーをひとことで、

「マニキュアード・カントリー Manicured Country」

と言う。小国で、芝生や垣根、道路のわきの草もきちんと手入れが行き届き、その草の上を人はドカドカ歩かない。こざっぱりとしている。逆に、カナダは土地があまりに広く、手入れをしようにも行き届かない。住み着いた、アルバータ州の未開拓のピースリバーカントリーでの生活は苛酷だった。気候も厳しかった。


リリアンの両親、オスカーとダイナの母国に対する思いには大きな隔たりがあった。オスカーはベルギーに帰りたいとは思わなかった。今ある自由が何より嬉しかった。果てしなく広がる土地に満足していた。加えて、子供の成功、自分達の健康、友人達との楽しい語らいが生き甲斐だった。

１９２８年から２９年にかけ、オスカーの両親のグスタフとエロイーズ、そして弟がやって来た。持病があるグスタフは、空気の良いカナダを気に入った。以後、エロイーズだけで来ることもあった。

一方、ダイナはベルギーへの思いを断ち切れずにいた。１９５８年、経済的に立ち直りつつある首都ブリュッセルでは、万国博覧会が開催され、ダイナはパパジョージと共に一時帰国した。ところが、カナダに戻って来たダイナは、その旅の話を一切しようとせず、以来二度とベルギーに戻りたいとも言わなかった。そばにいて母親のことを一番理解しているリリアンが察するに、カナダでのゆったりとした自由な生活とベルギーとの違いを目の当たりにし、ダイナは失望したのではないだろうか。

ベルギーと縁の切れていたカウチー家だったが、リリアンは１９６４年のイギリス滞在中、両親の出身地グレインを訪ねた際に、親戚に会えて嬉しかった。ベルギーは、母から聞いていた通り、国内を簡単に車で回ることができた。道も公園も手入れされ、きれいにできあがった国だった。こんな国から、広大なカナダにやって来た母は、さぞかし孤独だっただろうと、母を想った。


「カナダを端から端まで横断するには、何日くらいかかるかな？」

とグレインの親戚の一人から訊かれた。

「汽車で5、6日かかります」

と答えると、その人が言った。

「よほどカナダの汽車はのろいんだな」


パパジョージは自分の土地を孫のアルバートに譲り、カムローズにある老人介護施設に入所した。1972年、91歳で亡くなった。

オスカーとダイナも、土地をアルバートに渡し、引退した。持っていた近くの小さな家で生活を続けた。その後、ブリティッシュ・コロンビア州ペンティクトンPentictonへ移り、自宅で亡くなった。オスカー86歳、ダイナ79歳だった。

妹のエドナは早くに、また兄のアルバートは、数年前に亡くなった。弟のレニーはアルバータ州の北西にあるグランデ・プレーリー Grande Prairie で長年営んでいた雑貨店を閉め、政党の地域の代表として活動している。下の弟のノーマンはバンクーバー島で、元気に暮らす。

悠々自適

今日もリリアンは、電話機の横に置いたB5サイズの月替りカレンダーを確認しながら、独居生活を送る。そこには、その日その日のスケジュールが記入してあるからだ。

「自分の家だから自分が一番快適な暮らしがしたい」

とリリアンは言う。

週に1回、フィリピン人の掃除婦を頼んでいるが、無駄のない一人暮らしは、家の中をいつも小ざっぱりと保つ。炊事、洗濯、買い物、ボランティア、車の運転、畑仕事など、すべてを自分で賄う。従って体調管理は最重要事項である。かつてヘビースモーカーだったリリアンは、思い切って禁煙することにした。お蔭で、そんなリリアンに関心を抱く組織からインタビューを受けたこともある。

最近は、白内障の手術に腰の持病と、ますます病院とは縁が切れない。検査や通院の際には、娘夫婦が協力してくれる。また、忙しい合間を縫って、娘のデニースが様子を見に来てくれる。コンサートや食事に行き、誕生日やクリスマスには一緒にパーティーを開くのが恒例だ。リリアンと家族とはデニースを中心に固い絆で結ばれている。

デニースは数年前に小学校の校長になった。大学在学中に突然、独立すると言い出し、リリアンの反対を押し切って家を出た。母親と同じく小学校の教師になり、同僚との結婚も早かった。子供が3人生まれ、車で30分ほど離れた町で暮らしている。通常の仕事を終え、夜間に大学で聴講するなど非常に忙しい日々を送っていたが、その甲斐あっての校長昇進で、スペインなど外国への公務出張の機会も増えた。夫は退職したばかりで、彼女を支える。

孫達も成長した。かつては、親から叱られたとリリアンを頼って来たこともあった。反抗期の孫の話を聞くために、ハンバーガーショップにそっと呼び寄せた時もあった。小遣いを握らせたのも楽しい思い出である。一番下の25歳になる孫娘が教員になる決心をし、現在そのコースを取っている。リリアンにとっては頼もしい限りだ。

リリアンは毎夏、故郷のピースリバーへ戻り、弟レニーや家族と過ごすことが多くなった。

かつてクリーは、通勤の途中に立ち寄って暖を取らせてもらう友人だったが、リリアンの親類の一人が先住民と結婚したので、今では親戚づきあいをしている。キッチンの白い冷蔵庫には、クリー達と共に過ごすリリアンの写真や、笑顔で佇む甥や姪の写真が貼られている。

リリアンの家の地下室のベッドには、一面にアップリケをあしらった鮮やかな色のベッドカバーが掛けられている。そのベッドカバーは数十年前に、母ダイナがリリアンのために手作りしてくれた物で、８９歳の今も大切に使っている。しわやゆがみの全くない、まっすぐなベッドメーキングはリリアンそのものである。

第Ⅲ部　春太郎の白壁の家

藤田春太郎の系譜

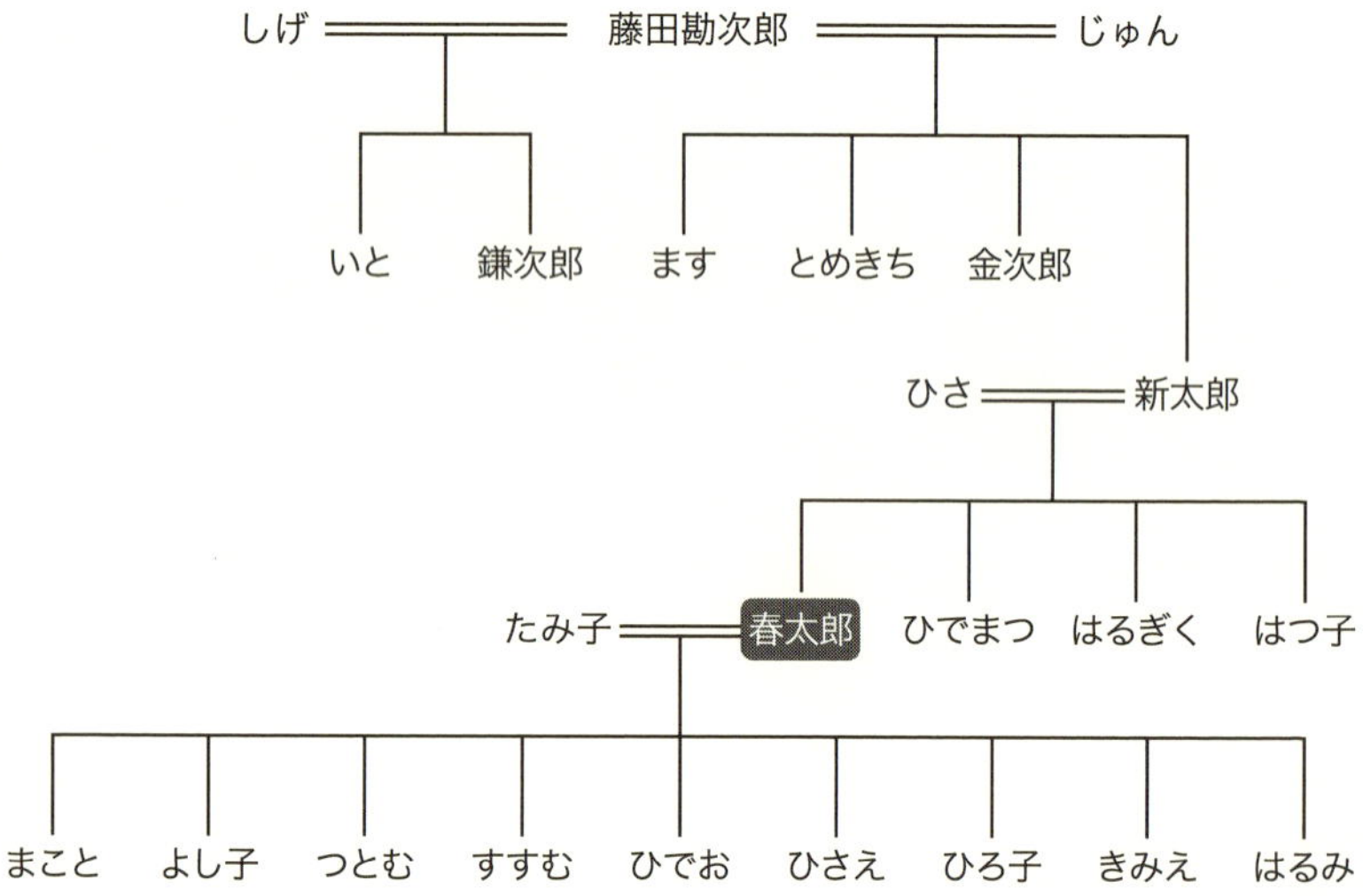

しげ
藤田勘次郎
じゅん
いと
鎌次郎
ます
とめきち
金次郎
ひさ
新太郎
たみ子
春太郎
ひでまつ
はるぎく
はつ子
まこと
よし子
つとむ
すすむ
ひでお
ひさえ
ひろ子
きみえ
はるみ

第1章　琵琶湖畔からカナダへ

櫛

その日、春太郎は彦根の丸菱百貨店にいた。開店して3年にも満たない鉄筋コンクリート4階建ての洋風設計は、1936年当時の彦根では評判の建物だった。店内に飾られた商品はもとより、ここで働く従業員も羨望の目で見られた。特に接客担当は、3週間ほどの研修期間を経て、各売り場に配属されていた。言葉遣いやマナーなどを厳しく教育されたという。

春太郎は教えられた通り、1階の化粧品売り場を探した。食料品が並んでいる。鞄や靴も見える。その隣にひと際華やかな一角があった。大きなガラスのショーケースの中にあるのは化粧品のようだ。そのケースの手前で、一人の若い女性が働いていた。

悟られないようにかなりの距離を置き、しばらくの間その人の様子を窺う。売り場に客はなく、すぐにでも声がかけられる。しかし、春太郎は照れ臭かった。どうしようかと考えている内に、ある良い方法を思いついた。


「いらっしゃいませ」

客に気付いたその人が、ショーケース越しに笑顔で近づいて来た。1メートルと離れていない。春太郎は迷わずに言った。

「櫛を見せてください」

「かしこまりました」

その人はそう言うと、慣れた手つきで、ショーケースの中の櫛を幾つか取り出し、客の前に並べた。春太郎は、一つひとつそれらを手に取り、時間をかけてながめ、ようやくその中の一つを選んだ。

「これをください」

そして何気ない振りをして、ポケットの中の十円札を丸め、しわくちゃのままで差し出した。その人は紙幣を受け取ると、嫌な顔もせず、丁寧にしわをのばし始めた。

「今がチャンスだ」

その人が紙幣に気を取られている隙に、春太郎は急いで顔を盗み見た。

何も知らぬその人は、春太郎から離れ、向こうで櫛を包装し始めた。それでも春太郎は目をそらさなかった。その人が再びそばに来た。そして櫛とおつりを渡しながら、にこやかに言った。

「ありがとうございました」

目と目が会った。澄んだ、パッチリとした目をしていた。その瞬間、春太郎の心は決まった。

藤田春太郎、２４歳。１９１３年、滋賀県犬上郡磯田村大字八坂（現・彦根市）に生まれた。当時は、カナダの大平原、アルバータ州の南部にある小さな町レイモンド Raymond に住み、コックをしていた。そろそろ身を固めたいと思い、一人日本に一時帰国したのは１９３６年の師走のことであった。

春太郎の帰国を知った地元の知人が、

「見合いをしないか？」

と話を持って来た。相手は、北沢たみ子。１９１８年生まれの１９歳。犬上郡福満村（現・彦根市）在住で、丸菱百貨店の化粧品売り場に勤務していた。

話はとんとん拍子に進み、見合いをする運びとなった。その日までにはまだ少し間がある。

春太郎はその前に本人を見ておきたいと、今日こっそりとやって来たのだ。

たみ子は見合いの席で春太郎を見て驚いた。しわくちゃの十円札を出した客であることをよく覚えていたからだ。外国暮らしで、しゃれた身なりの誠実そうな青年に好感が持てた。

当時、カナダから日本に一時帰国をするためには、時間も費用もかかった。カナダに渡った若い男性達は、春太郎のように見合いをすることもなく、日本にいる家族や親戚を頼りに写真だけを交換し、女性を籍に入れ、妻として呼び寄せることも多かった。いわゆる、写真婚である。中には、海を渡って初めて夫となる人に会い、写真との違いに動揺した妻もいた。しかしこれも、1920年代になると禁止された。


1937年1月18日。

藤田春太郎と北沢たみ子は彦根で結婚式を挙げた。新郎は紋付袴、新婦は黒留袖に角隠で式に臨んだ。

式の後、二人は渡航の準備を整えるために、2か月間を彦根で過ごした。たみ子は、荷造りに加えて親戚、友人達への暇乞いなどもあり多忙を極めた。

春太郎の渡航の出立ちは、スーツにネクタイ、テーラーカラーの厚手のロングコートに、つばのある帽子を斜に被り、黒い手袋を握り、紳士然としていた。コックの仕事で手にしたドル紙幣があれば、当時の日本では十分に贅沢な身づくろいができた。

たみ子も春太郎に合わせ、コートと帽子、手袋を身に着けると似合いの夫婦になった。出国の日も近づき、20歳の新妻の心の中では、遠い外国での新婚生活への夢が少しずつ膨らんでいった。

祖父と父の渡加

春太郎の祖父勘次郎と父新太郎の話である。

勘次郎は、滋賀県犬上郡磯田村大字八坂1273番地で生まれた。最初の妻しげとの間に長男鎌次郎と長女いとをもうけた。しげが亡くなると、その妹のじゅんと再婚し、二男新太郎、三男金次郎、二女ますが生まれた。

勘次郎は、1891年（明治24年）単身でカナダ（加奈陀）へ渡った。カナダ東部と西のバンクーバー間を結ぶ、大陸横断鉄道を敷設したカナダ太平洋鉄道会社 Canadian Pacific Railway（CPR）が、太平洋航路にも乗り出しており、1886年にはバンクーバーと横浜間を航行するようになっていた。

当初、勘次郎はブリティッシュ・コロンビア州南東部の町クランブルック Cranbrook に住んだ。ここはアルバータ州との境に近く、すぐ南はアメリカと国境を接した製材業の町である。勘次郎は1時間8セントの賃金で製材工として働いた、というのは曾孫ひろ子の談である。

1893年、勘次郎は、最初に鎌次郎をカナダに呼び寄せた。その後、他の4人の子供達も次々と渡加した。後に鎌次郎は、アルバータ州フォートマクロイド Fort Macleod でホテルとレストランの経営を始めた。

勘次郎の二男で、春太郎の父となる新太郎は、1888年（明治21年）5月、八坂で生まれた。いきさつがあって兄に育てられた生い立ちを持つ4つ年上のひさとの結婚を親から反対され、二人は駆け落ち同然で一緒になっていた。

1913年(大正2年)、新太郎は父勘次郎に呼び寄せられ、単身カナダへ渡った。妻のひさ、二人の娘はつ子、はるぎくは滋賀に残した。この時、ひさのおなかの中には春太郎がいた。

当初新太郎は、バンクーバー市の南にある漁港、スティーブストン Steaveston で漁師をして生計を立てていた。ここでは、多くの日系移民が働き、すぐれた漁の腕は良く知られていた。新太郎は1年でここを辞め、翌年、アルバータ州コールホースト Coalhurst で炭鉱夫として働くことになった。

日系人のカナダ渡航

初めて日本人がカナダへ渡ったのは、1877年（明治10年）と言われている。長崎県出身の永野万蔵が外国船に乗り込んでの入国だった。日本政府が海外移民を認めると、1885年（明治18年）には早速ハワイへの渡航が始まった。

1890年（明治23年）、滋賀県犬上郡磯田村八坂出身の西村松次郎は、カナダ太平洋鉄道会社が運航する汽船パーシャ号に乗り、滋賀県出身で最初のカナダ移民となった。

滋賀県からカナダへの移民が最も多いことは、比較的知られているが、その理由の一つとして江戸時代から全国各地へ行商する多くの人々の存在がある。繊維類、仏具、蚊帳などの地場製品を抱えて、北海道から九州までを行き来した近江商人の伝統によって、海外へ出稼ぎに行く下地はできていた。

そこに1896年（明治29年）、台風による琵琶湖の大洪水で、湖岸の農家が大被害を受けた。それまでにも起こっていた琵琶湖の氾濫、その結果起きる長期の浸水に悩まされた人々は、手っ取り早く稼げるという出稼ぎの形で海を渡って行ったのである。

このようなカナダ志向は、滋賀県を筆頭に、広島県、福岡県、和歌山県、熊本県など西日本側に多くみられた。

1900年（明治33年）、日本人移民の急増が原因で、カナダで排日運動が起こった。これにより、日本政府は移民の数を制限する通達を出した。

1902年（明治35年）にはブリティッシュ・コロンビア州で、移民に対して英語の試験を義務付けることを決定した。1908年（明治41年）、日加両政府によるルミュー協定が成立し、日本人男性のカナダへの移住が年間400人に制限された。女性に制限はなかった。

第2章　定住を目指して

春太郎の移住

新太郎の長男春太郎は、１９１３年（大正2年）１2月１5日、滋賀県犬上郡八坂で生まれた。すでに新太郎は留守で、父親の顔を知らぬまま成長した春太郎だったが、１4歳の年、１９2７年（昭和2年）１0月5日、父の呼び寄せでカナダに行くことになった。母ひさは、春太郎の二人の姉と残り、単身での渡航だった。出発前、春太郎は家族にこう言い残して八坂を後にした。

「今、うちの家は荒壁だけれど、カナダで稼いで、いつか白壁に塗り替えてあげるから待っていてほしい」

エンプレス号The Empress of Canadaでの春太郎の航海は、１0日間に及んだ。横浜港を出航、バンクーバーの港に着き、そのまま市内に2週間滞在した。叔父の金次郎や叔母のます達と共に過ごした。父が迎えに来るカルガリー市までは、一人で列車に乗った。

父新太郎と二人、コールホーストでの生活が始まった。地元の学校への入学を希望していたが、年齢の枠を1歳超えている春太郎は認められなかった。春太郎の親友ともいうべき、いとこの田中源英はかろうじて入学でき、春太郎は源英がうらやましかった。父の勧めもあり、英語を身に着けるために、アルバータ州カーマンガイ Carmangay の農場で4か月間、雑用係として働くことを決めた。それでも通学によって習得できなかった春太郎は、終生英語がままならなかった。

その後、伯父の鎌次郎が経営するホテルとレストランで働くことになり、フォートマクロイドへ送られ、4か月間を過ごした。この建物にはアイスクリーム店も入っており、春太郎には物珍しかった。

1928年4月、15歳の春太郎は年齢をごまかし、父と共にコールホーストの炭鉱で働き始めた。父の時給は62セント。春太郎はその半分だった。春太郎は大人の男達に交じり、よく働いた。そのまじめな仕事振りが認められ、2か月後には、父と同額をもらえるようになったという。よほど嬉しかったのか、後年になってもしばしば得意気に語った。しかし、この炭鉱は爆発事故により1年で閉鎖になった。

1929年、春太郎は鉱山を離れ、レイモンドにあるトーゴーカフェ Togo Café の仕事を見つけた。ここは大城という沖縄出身者が経営するレストラン兼喫茶店で、ほとんどの日系人が農業に従事するこの町で、大城は異色の人だった。春太郎はコックとしてここで6年間働いた。

1933年、父と共にレイモンドへ移り小作農を始めた。滋賀県に残り二人の娘を嫁がせた母も、一緒に暮らすようになっていた。春太郎は1935年まで主にトーゴーカフェで働き、仕事を辞めて以降は、父の農業を手伝うようになった。

1936年、春太郎は結婚相手を探しに、日本へ一時帰国し、念願かなって新妻を同道しての帰宅となったのである。

二人の渡航

1937年3月18日、春太郎とたみ子はカナダへ向け横浜港を出航した。バンクーバーでは、春太郎の親戚の家に1週間滞在した。その時に叔母が心配顔でたみ子にこう話しかけた。

「あんたなぁ、日本じゃデパートに勤めていたんやろ。レイモンドみたいな田舎で、百姓がよう務まるんかいな?」

カナダ太平洋鉄道のカルガリー行きの列車に乗り、さらにレスブリッジ行きに乗り換えた。4月2日、レスブリッジ駅には珍しい車の出迎えがあった。町の日系人の中では当時、自家用車を所有する家はわずか3軒しかなかった。はるばる日本から来てくれた花嫁への、せめてもの歓迎の気持ちとして、レスブリッジからレイモンドまでの道中に使うために、春太郎が友人に頼んでおいたのだ。

彦根の自宅を出てから2週間。何度も乗り換えてようやく目的地近くまでやって来た。4

月とはいえ、車窓から見えるレイモンドの町は雪におおわれ、広い通りを過ぎると、家がポツンポツンとまばらになって来た。たみ子の心の中にはだんだんと不安が広がっていった。しばらくすると、見え隠れしていた民家も途絶え、あとは延々と広がる雪野原になった。その中をガタゴト車に揺られ、ようやく車が止まった。窓の外を見た途端、たみ子は自分の目を疑った。そこに建つ木造の家はあまりに粗末で小さく、軒も低かった。車のドアを開け、降りようとして、彼女の動きは止まった。足元一面がぬかるみだったからだ。バンクーバー滞在中、春太郎はたみ子にハイヒールを買ってくれ、今日が初下ろしの日だった。

レイモンドでの義理の両親を交えた新生活は、たみ子が思い描いていたものとは全く違い、貧しく、不便で、寂しかった。彦根が恋しかった。彼女はカナダで過ごした初めての冬を忘れない。

ある日のこと。開けた窓から容赦なく吹き込む雪が、たみ子の髪に降り注ぎ真っ白になっていた。それでも構わず、たみ子は日本の方角を向いて長い時間そこに立ち尽くしていた。春太郎は、そんなたみ子に気付いたが、

「そうか……」

と、ただポツンとつぶやいたまま、そばにじっと立っていたという。

彦根の両親には、新生活の様子をありのままに知らせることができず、取り繕った手紙を書いた。

第3章　戦争中の暮らし

強制移動

１９３７年、妻を迎えた春太郎は農業に本腰を入れ、自宅近くに借りた畑でシュガービーツ（砂糖大根）の栽培に精を出した。この年、長男はるみが生まれ、１９４０年には長女のきみえも誕生した。三世代が暮らす家の中からは、にぎやかな声が聞こえて来た。

しかし海の向こうは違った。日本はアメリカ、イギリスを中心とする連合国との関係が深刻化し、１９４１年１２月、日本軍によるマレー半島上陸、ハワイ真珠湾攻撃がきっかけとなり太平洋戦争が勃発した。この日を境に、ブリティッシュ・コロンビア州の沿岸地域に住む日系人には、敵国人としての苦難の生活が待ち受けていた。

１９４２年２月、カナダ政府から日系人に対し、ブリティッシュ・コロンビア州沿岸から東１６０キロ以内への立ち入りが禁止され、４８時間以内の退去を言い渡された。強制移動の命令である。日系人男性を道路工事などに従事させて労働力を確保するために、家族を分散させる目的で発令されており、しかもカナダ側にとって、同じ敵国であるドイツ系やイタリア系移民に対してはそのような命令はくだらず、日系人への人種差別は明らかだった。当然日系人はこれを受け入れることはできず、二世達が立ち上がった。人道に反しているとして、ＮＭＥＧ（Nisei Mass Evacuation Group）を組織し、家族単位で疎開できるように政府に抗議したのである。しかしながらカナダ側は聞き入れようとはしなかった。

日系二世の抵抗

１９４２年４月１４日、家族集団移動を要求する二世のグループＮＭＥＧは、ブリティッシュ・コロンビア州保安委員会の議長であるテーラー（A Taylor）宛に、同主旨の英文の請願書を提出した。また、翌日にはその日本語訳を発表した。

以下は、ブリティッシュ・コロンビア大学図書館の所蔵する、英文の冒頭部分と日本語訳全文である。

Austin C. Taylor, Esq.,

The Chairman, B.C. Security Commission,

Marine Building, Vancouver, B.C.

Honorable Sir:

We Canadians have reached a point where we must stop and think deeply regarding our evacuation. For that purpose we have carefully reviewed the development of events which has brought us to this point where we are ordered to part with our families, perhaps never to meet them again for a long time to come. We enclose a summary of our above-mentioned review.

As you clearly understand and as it is fully mentioned in our review, we have said "YES" to all your previous orders, however unreasonable they might have seemed. But we are firm in saying "NO" to your last order which calls for break-up or our families.

When we say "NO" at this point, we request you to remember that we are British subjects by birth, that we are no less loyal to Canada than any other Canadian that, that we have done nothing to deserve the break-up of our families, that we are lawabiding Canadian citizens, and that we are willing to accept suspension of our civil rights– rights to retain our homes and businesses, boats, cars, radios and cameras. Incidentally, we are entitled, as native sons, to all civil rights or an ordinary Canadian within the limitations of Canada's war effort. In spite of that we have given up everything. In view of this sacrifice we feel that our request for mass evacuation in family groups will not seem unreasonable to you.

謹呈　私達は今、撤退問題に対し一度立止まり深く〳〵考へなければならぬ時が来ました。即ち私達の家族を分離しまた何時再び会ふ事ができるか分らない様な命令が下ったことに就いて今日までの事態の成り行きを調査致しました。

貴下も充分御承知の如く私達は現在まで貴下の如何なる不合理な命令に対しても全面的に服従致しました。

然し私達は家族分離を要求する貴下の最後の命令に対しては断乎として服従出来ない事を明白に御答へ致します。

貴下が私達のこの態度を見られるにあたりまして御忘れになって頂きたくない事があります。

それは、私達は出生に依ってのカナダ市民であります。私達は他のカナダ市民に勝るとも決して劣らぬ忠誠なる市民であります。私達は家族分離を強制されるやうな事をした覚はありません。私達は法律をよく守るカナダ市民であり、又此の度もあらゆる市民権の停止命令にも快く服従するものであります。

因に私達は他のカナダ市民の有する市民権を主張出来得る立場にあるにも拘らず、此の度はすべてを黙認致して居ります。

斯くの如き意味に於ての私達の大いなる犠牲を考へます時私達の要求、即ち家族集団移動は決して不合理なものとは云へないでありませう。

又、何卒御記憶願ひたい事は、私達は決して撤退しないと云ふものではありません。本当に私達は国の為めには政府の命ずる如何なる場所にでも撤退致します。然うです。此の様な気持ちのもとに私達は貴下の命令に対して真に従順でありました。

今一つ貴下の脳裡に止めて置いて頂きたい事は、私達の家族を分離する事は決してカナダ戦争遂行上なん等の貢献もしないと確信する事であります。

上述の如き事態を考へます時、私達に残された最後の自由権、即ち家族と共に暮す権利をも奪ふと云ふ事は絶対不必要と認めなければなりません。

私達は学校で自由を尊べ、弱き婦女子を擁護せよ、と教はりました。又教会では家庭そのものは神聖であり、それは私達が天より授けられた人間としての特権であり、その意味に依って生命そのものよりも尊重すべきであると教はりました。私達は教訓の意味の深さを味はふ事が出来ます。

ビーシー・セキュリチー・コミッションとしては、移動問題を処理するにあたって私達に不必要なる苦労をもたらす事や悪感情を抱かしめる事を避ける意向があると私達は諒解して居ります。茲において御注意を払って頂きたい事は私達に家族単位撤退を認めて下さる事に依って、問題が速やかに処理出来得るのみならず貴下の職責遂行に私達の協力を得られる事になるのであります。

上記の如き理由と、戦時に於ても私達の信頼する大英帝国の誇る公平と正義を以って、私達の最も人間的な、又最も合理的な小さき要求、『家族集団移動案』を寛容下さらんことを懇願致す次第であります。

一九四二年四月十五日

二世　マス　エバキュエーション　グループ

7月1日、辛抱強く説得を続けたNMEGの努力により、家族の集団移動が認められた。人々は、ブリティッシュ・コロンビア州東部のキャンプに収容された。イェールYaleなど、キャンプの近くに住むカナダ人達は、多くの日系人がそこで暮らしていたことを今でも記憶している。

しかしながら、今日まで築き上げた土地家屋、財産もすべて残し、着の身着のままでの移動だった。そして、ようやく入所したキャンプの中でも人種差別があった。割り当てられた家は、屋根、壁、床すべて板一枚でできており、極端に狭く、冬になると、室内でも氷が張った。特に乳飲み子や高齢者を抱えた家族には、不便この上なく、改善を求めてもまず聞き入れられることはなかった。万が一できたとしても延々と待たされた挙句、おざなりな処置だったという。

戦後、日系人に対して散在政策が取られ、政府の方針に従ってさらに東部へ移動する者に対しては、政府の定めた職が与えられたが、従わない場合は、強制的に日本送りとなった。バンクーバーで生まれたにもかかわらず、人種差別に苦しめられ、カナダでの生活をあきらめ、送還船に乗った人々は少なくない。

１９８０年代に日系人は、没収された土地、財産に対する補償を求めたリドレス運動（戦時補償問題）を起こした。それにより１９８８年、ブライアン・マルルーニ首相のカナダ政府は、戦時中の日系人に対する措置を謝罪し、１９４９年３月３１日までに生まれた対象となる日系人に対し、一人一律２万１０００ドルの個人補償金の支払いを約束した。

戦時下のレイモンド

幸い、春太郎達の住むレイモンドは、ブリティッシュ・コロンビア州沿岸からはるか遠く、しかも砂糖大根などが主の農家であり、今までと変わることなく家族一緒に暮らすことができた。１９４２年には二女のひろ子が誕生している。

コールデール Coaldale の近くの農場にも、日系人が移って来た。当時農場では労働力が不足していたため、カナダ人にとって必要不可欠な砂糖の原料である砂糖大根の栽培作業に従事することを条件に、日系人家族を受け入れたのである。財産を没収されても、レスブリッジまでの移動が可能だった家族である。しかし、農場の一隅に建つ家屋での暮らしは過酷だった。粗末な板で囲った、仕切りのない6畳ほどの小屋には、3家族が同居し、零下40度にもなる極寒の時期には、耐え難い日々を過ごした。

ドイツ兵捕虜との交流

第二次世界大戦時、多くのドイツ兵達がカナダの捕虜になり、一部の捕虜はレイモンドのはずれにある、鉄条網に囲まれたキャンプに拘束されていた。タバコを吸わない春太郎は、何気なくキャンプに近づき、配給で手に入れたタバコをわざとその鉄条網の際に落とした。まわりには監視のカナダ兵がいたので、タバコを捨てた振りをした。それを見たドイツ兵達は大喜びで、金網の内側から手を伸ばし、そのタバコを拾って吸っていた。

春太郎とたみ子は収容所のドイツ兵捕虜を農作業に雇った。ライフル銃を抱えた監視役のカナダ兵に連れられて、毎朝9人ほどの捕虜が農場にやって来た。春太郎は当時のことを次のように語った。

「彼等はよく働いた。そしてうちの子供達の良い友達になってくれた。休憩時間になると、器械体操の難しい技や、宙返りなどを披露し、私達は感心して見たものです」

農場に送られて来る捕虜の集団は、毎朝顔ぶれが違った。しかしその中に、たった一人だけ何回も来る兵士がいた。「アト Otto」という名の、18から20歳くらいの青年だった。二女のひろ子は、昼休憩になるとアトと遊んだ。両手をつなぎ、何度も何度もでんぐり返りをさせてもらった。

戦争が終わると、ドイツ兵達は本国に帰還することになった。彼等は暇乞いに農場にやって来て、思い出にとボトルシップ（透明な瓶に入ったミニチュアの帆船の置物）をくれた。ひろ子は、事情がわからず、ただアトとの別れが辛くてずっと泣いていた。その記念の品は半世紀以上にわたり、藤田家の居間に飾ってあった。

その後農場には、母国ドイツでの様子を知らせる兵士達からの手紙が届くようになった。さらに4、5年経った頃、兵士の一人がひょっこり農場を訪ねて来た。そして言った。

「僕、カナダに移住したんだ」

第4章　戦後の生活

子供達に寄せる想い

夫妻は子宝に恵まれた。

長男はるみ、長女きみえ、二女ひろ子、三女ひさえ、二男ひでお、三男すすむ、四男つとむ、四女よし子、五男まことの5男4女である。

1948年、夫妻はレイモンドの町に小さな家を買った。農場からスクールバス（遠方から通学する生徒を送迎する黄色い小型バス）の停留所までは1・6キロあり、凍てつく朝に、そこまで歩かなければならない子供達を可哀そうに思った夫妻の決断であった。藤田農場から4・8キロ東にあり、冬の間は子供達だけがこの家に住み、学校に通い、春になると農場に戻るという生活を繰り返した。

最初は、長男、長女と共に、二女のひろ子も一緒にこの家に移った。入学前は、日本語しか話せなかったひろ子も、小学校入学と同時に英語教育が始まり、英語が自然と身に付いた。結局、五男のまことを除き、あとの8人の子供達は、ここでの生活を経験することとなった。夫妻は、収穫が終わるとこの家で一緒に暮らし、祖父母はレイモンドの農場に住み続けた。正月には祖母がやって来た。未就学の子供達の世話をしたのは、祖父母であった。

夫妻は、子供達が人に笑われない人間になって欲しいとの思いで育てた。向上心を育てたいとも思っていた。9人の子供達は成長し、それぞれの道を歩んでいる。

長男はるみは、レスブリッジで保険会社「ふじインシュランス」を経営し、不動産の仕事にも携わった。

長女きみえは、秘書として会社務めをした。

二女ひろ子は、小学校の教師、公立図書館司書として勤務。陪審員を務めた経験がある。

三女ひさえは、看護師として病院に勤務した。

二男ひでおは自動車の塗装・板金の工場を経営している。

三男すすむは不動産会社を経営。町会議員を務めた。

四男つとむは引き継いだ両親の農場を売却した後、グラフィックアーツのディレクターをしていた。

四女よし子はモントリオール銀行に勤務した。

五男まことは兄ひでおが経営する工場に勤務している。

三男すすむの長男ライアン・フジタ Rian Fujita はプロのアイスホッケーの選手で、15年以上にわたり、日本のアイスホッケーの名門、西武のチームで活躍した。2009年惜しまれながら引退し、現在はレスブリッジ近郊のテーバー Taber に住んでいる。春太郎の自慢の孫である。

ひろ子は、自分の育った家庭の雰囲気を次のように語った。

「両親の子育ての仕方には、少しズレがあったように思う。父は、大声で叱るようなことはなく、好きな道を歩ませようとした。一方母は、学業優先で、手伝いよりも勉強を重視した」

たみ子が子育てを振り返って言った言葉がある。

「自分の若い時分、子供一人ひとりに大きな期待をかけ、親の思う通りにしようとしていた時期がありました。そんな時の自分は笑顔もなくひどくきつい顔をしていました。

ある時、自分の考えを変えました。子供達を好きな道に進ませてやろうと。それから自然と自分の表情が変わって来たように思います。やさしくなり、笑顔が多くなったのです。心がけ次第で、人間は表情が変わるものですね」

自作農への努力

農閑期に子供達と過ごす春太郎は、レイモンドの森という日系夫妻が経営するヨークカフェ York Café で、コックとして働いた。ひろ子は、自分がよくレストランの暖かいキッチンにいたのを覚えている。

春太郎は、白くて大きなエプロンと、キャップを身に着け、料理用の大きな黒いストーブの前で鍋やフライパンを片手に働いていた。しかし、ひろ子が座っている位置からは、父親がストーブの後ろ側で働いているように思っていたと言う。帰宅は深夜になった。

春太郎とたみ子はこの暮らしを１０年続けている。毎週日曜は家族で仏教会に行き、少し寒さが緩むと、農作業のために、夫妻は早々に農場へ戻った。親と子は離れ離れになるのが辛かった。

次第に増えて行く家族のことを思い、春太郎は農場を買うことを真剣に考えていた。１９５８年、春太郎４５歳の年。念願が叶い、コールデールで、６４haの土地を2万８０００ドルで購入した。頭金８０００ドルを払い、残金を１２年で返済する契約をし、一家でそこに移った。

春太郎はローンを返すために、掛け持ちで仕事をすることにした。夏場は、午前4時に起きて農場で砂糖大根や野菜を栽培し、夜8時か9時に帰宅した。カナダの夏は午後8時でも、スポーツや散歩を十分に楽しめる程明るい。夕食の後に2、3時間の仮眠を取ると、今度はヨークカフェでコックの仕事に就いた。以前、農閑期にアルバイトをしていたレストランである。

たみ子も春太郎と共に農場で一日中働いた。姑のひさが、疲れて寝ている春太郎の上にそっと毛布を掛けてやる姿を度々目にし、働きずくめの息子の身を案じているのだろうと感じていた。その都度、

「自分にもそうしてくれるだろう母がいるのに」

と、はるか遠い日本を想いやった。

夫妻にとっての一番多忙なこの時期だったが、自作地を手に入れ、いささか自信を持った春太郎は、中年の男性のこととて「男のつきあい」と称して農作業を抜け出ることがあった。たみ子は、広大な農地の草取りを一人でやらなければならなかった。晩年になっても、ちょっとしたいさかいの度に、たみ子はこの事で春太郎を責めた。夫婦の口喧嘩は、来客中でも突発し、

「にぎやかでっしゃろ」

と、春太郎は苦笑した。

たみ子は歌が好きで、中でも「琵琶湖周航の歌」が一番のお気に入りだった。一日の大半を過ごす農場はもちろんのこと、農場の行き帰りにも、家でもよく歌った。夫婦で、東海林太郎の「国境の町」を口ずさむこともあり、そんな両親を見て、子供達は大喜びだった。

その後、干ばつに悩まされながらも二人は休むことなく働いた。１９６５年には、ようやくパイプ式のスプリンクラー（散水機）を、翌年には新式のスプリンクラーを設置できるようになった。

１９６３年、ひさが８０歳で、１９６５年、新太郎が７８歳で亡くなった。

その後さらに、６４haを借り、合わせて１２８haの土地で主に砂糖大根を、他にもトウモロコシ、豆、キュウリ、ジャガイモ、カボチャなどを栽培した。きつい仕事だったが、野菜の売り上げで子供達の物を買い、それを手にした時の子供達の喜ぶ顔が見たくて、仕事に精を出した。

ローン返済のさなか、３回にわたる霰の被害に遭ったが、保険の天災事項のおかげで、支払いを延期できた。１２年の予定を結局１５年（１９７３年まで）かけて完済した。

ハトライト

長い歴史の中で、藤田一家には、様々な人々との出会いがあった。その一つがハトライトHutterite との交流である。

ハトライトという人々は、１６世紀に現在のチェコ共和国で作られたプロテスタントの一派で、再洗礼派とも言われる。保持する教義のために迫害を受け、逃れるようにハンガリー、ルーマニア、ロシアなどをさまよい、さらに北米に移住した。合衆国とカナダを含めると、3万人近いハトライトがいるという。

カナダ国内では、アルバータ州を始め、マニトバ州、サスカチュワン州にも住み着き、村単位（コロニーColony）で農業を営みながら、古く厳しい規則のもとで、集団生活を送っている。戦争反対を唱え、召集に応じなかったため、投獄された経験を持つ。他にも同類のものとして、「メノナイト」「アーミッシュ」という集団もある。

以下は、1994年に春太郎の案内で、レスブリッジ市郊外のコールデールにある、ハトライトのウィルソンコロニーWilson Colonyを訪ねた折りの筆者の見聞である。

青空の下、果てしなく農場が続く。砂埃を立てて車を走らせると、突然その村が現れた。予想に反し、村の外側からも確認できるほどの近代的設備で、入口には機種別に分けられた農業機械がずらりと並び、その内数台の運転席には男性の姿があった。

建物から出て来たのは、若い村長だった。つば広の帽子に、襟のある濃紺の長袖シャツ、同色の長ズボンという出立ちだった。口髭をはやしている。村で出会った成人男性は皆、同じ格好をしていた。口髭も同様である。

片や、女性は全員が同じ柄のワンピースを着ている。緑と白の大柄のタータンチェックで、上身頃とスカートに切り換えがあった。スカートにはギャザーが寄せてあり、裾はかなり長い。同柄のスカーフも被っている。村によって、生地の柄が違うようだ。靴は年に一人2足ずつ配給される。

建物は木造で、集会所、住宅、学校、食堂とキッチンなどに分かれていた。あまりの広さに、村の境界線が確認できなかったが、農場、養鶏場、酪農場などに分けられ、池には数百羽のアヒルを飼育していた。

建物を巡る。住宅は、村の中でひとまとまりになり、家族別に住んでいた。子供達は、敷地内の学校でハトライトとしての教育を受けることになっている。特に優秀な生徒に対しては、卒業後、さらに別の道もあるという。

通りかかったその時は、休憩時間だったとみえ、子供達は窓拭きをしていた。中には、その裾の長いワンピースのまま、高い所によじ登って窓を拭いている女の子もいた。

私が建物に近づくと、次々と中から出て来て、人懐っこく私のまわりを取り囲んだ。話しかけてくる。しばらくして思わずカメラを向けた時だった。蜘蛛の子を散らすようにパッと離れて行ってしまった。村の内部だけでなく、子供達の写真も撮影禁止なのだ。

このハトライトの生活の片鱗を示しているのが、食堂だった。ヨーロッパ特有の室内装飾などとは無縁で、極めて質朴だった。内部は大人用、子供用と二手に分かれているが、そこに並べられている木製の長いテーブルも椅子も、何一つ装飾がなかった。テーブルの上には、次の食事のための器がすでに並べられており、平たい中皿が1枚とコップが1つ、それが一人前だった。

しかも、大人の食事は順番が決まっていて、まず老人、次に労働者の男性、そして若者、最後が妻たちだった。唯一飾りのような物を見つけた。子供用の食堂の窓にかかっているコットンプリントの小さなカーテンである。

続いて広々としたキッチンに入った。清潔という言葉が一番に浮かんだ。特大のステンレス製の流しとカウンターが中心に据えられ、床はコンクリートが流してあった。

食事が終わった後の時間帯で、片付けはすんだ直後と思われる。流しもカウンターも磨き、清められ、シンクには水滴すら付いてなかった。特大の鍋などもきれいに磨かれ、床には水洗いした跡があった。妻たちが順番に料理をすることになっている。

大型の冷凍庫の中も見ることができた。肉類だろうか、ひと塊ずつポリ袋に包んだ物が整然と並び、重ねられ、収納されていた。キッチン内はどこもかしこも整理・整頓が見事である。穀物、野菜、肉、牛乳は自給自足で、それぞれの加工技術も持っている。パン、ソーセージ、ハムなども作ると聞き、帰り際に、

「パンを少し分けてもらえないだろうか」

と頼んだところ、直径30センチはあろうか、半円形のずっしりと重いパンを、村長自らが取って来てくれた。4ドル支払った。

老若男女合わせて100人のこの村は、財産はすべて共有し、古くからの規則を順守する。結婚も、この村の中あるいは近隣のハトライトの村どうしでおこなわれる。近親結婚のせいか、会う若者の多くがメガネをかけていた。

彼等は町を歩き、近所の医者にも通い、市井の人々の暮らしも知っている。当然ながら、村を出て行く若者が現れ、そのまま帰らない人もいれば、中には再び戻る場合もあるという。

しかし最近では、ハトライトの生活に変化が見られるようになった。大型量販店コストコCOSTCOで買い物をすることもあれば、中華料理店で会食をし、自家用車を持つようにもなったからだ。

春太郎とハトライトとの交流はすでに戦前に始まっていた。同じ農業に従事する者として、それぞれの知識や経験を話し合って来た。脱穀の仲間として、収穫時期になるとお互いに助け合い、作業などを手伝った。何人ものハトライトが藤田農場にやって来た。他の人々とは一線を画するハトライトだが、春太郎には全幅の信頼を置いていた。

交流の中で、こんなエピソードがある。

1945年頃のこと。いつものように、濃紺のシャツとパンツに、つばの広い帽子を被り、ハトライトの男性が藤田農場にやって来た。当時5、6歳だった長女のきみえを見て、口ひげをたくわえた彼の口から思わぬ言葉が漏れた。

「可愛いから、きみえを買いたいな」

確かにきみえは黒髪で大きなきれいな目をした女の子だった。しかし、それを聞いたたみ子は尋常ではいられず、以来そのハトライトを非常に怖がるようになった。きみえを連れ去るのではないかと不安だったようだ。この事を、たみ子は亡くなるまで忘れることはなかった。

第5章　生活の楽しみ

仏教会と趣味

カナダでは、多くの日系人が浄土真宗の仏教会に属している。仏教普及のために各支部に派遣された開教師を中心に、葬式や法事、また仏教会活動を行っている。

父新太郎がそうであったように、春太郎とたみ子もまた、熱心な仏教徒だった。自宅には仏壇が安置され、朝夕の礼拝を欠かすことはなかった。

春太郎は、レイモンドへ移った1933年頃、町の仏教会に加入し活動を始めた。その後コールデールに移った1959年には、コールデール仏教会員となり、その後アルバータ仏教教区長を務めた。また、レスブリッジ本派仏教会の内陣係、仏教徒の多いレスブリッジ日系老人クラブの会長などを歴任した。

春太郎は、各組織の運営にかかわる中心的役割を担った。また、祭壇の供物などのささやかな事にも工夫を凝らし、特に、大きな器に幾種類もの果物を美しく盛り付ける彼の腕前には定評があった。彼自身、祭壇の豪華な供物が一つも落ちず、グラつかず、いつまでも見事なままでバランスを保つテクニックが自慢でもあった。

戦後になり、仏教会には以前にも増して若い人々の姿が見られるようになった。春太郎達は、娯楽や催し物を通して、会員相互の親睦を深める計画を立てた。その一つが相撲である。教会の二階に土俵を作り、相撲大会を開いた。土俵に要する土は、10トンだったという。また、芝居も演じた。衣装は手持ちの物で何とか間に合わせたが、カツラだけはどうしようもなく途方に暮れた。仕方なく、馬のたてがみとしっぽで作ってみた。しかし、いざ被ってみると、あまりの臭さに悲鳴をあげたと春太郎は振り返る。毎週火曜日にはビンゴゲーム大会を開き、ピクニックも催された。

夫婦はそれぞれに趣味を持ち、自由な時間ができた退職後は、大いに楽しんだ。春太郎は俳句をたしなみ、「安楽」の俳号を持ち、江南俳句会員として活動した。

一方、手先の器用なたみ子は、折り紙や千代紙を使い、人形、カード、色紙など数々の作品を作った。中には、大きな額に入った押絵の人形もあり、それはさながら「八幡押絵」や「押絵細工」そっくりだった。江戸時代、彦根藩の奥女中の手慰みとして広まり、伝えられた手工芸である。いかにたみ子が故郷を思い制作に取り組んでいたかがしのばれる。

また、たみ子はそれに使用する京都の和紙や千代紙を何よりも大切にしていた。自宅の地下室には制作用の机も準備され、特に地域で開催されるバザーの時期には、寝る間を惜しんで紙を折り、人形を作った。たみ子の人形制作は地域の人々の知るところとなり、さらに制作に力が入り、日本に一時帰国をした友人達は、たみ子のために京都の千代紙などを携えて帰って来たほどである。

黄昏の記

1974年、春太郎は61歳に、たみ子は56歳になった。二人は農業を辞めることを決め、農場を4男つとむに譲渡した。と同時に、春太郎はレスブリッジにあるパークプラザ・レストラン Park Plaza Restaurant で、コックとして働き始めた。

一方たみ子は、その後、市内にあるヨーク・ファーム・キャナリー York Farm Canary という缶詰工場で働き始めた。7、8月は主に豆を、10月になるとジャガイモを選別する作業で特に忙しかった。

１９８１年、二人は引退した。春太郎６８歳、たみ子６３歳だった。引退後もコールデールに住み続けた。

２年に1回、各国持ち回りで開催される滋賀県人会世界大会がある。春太郎は、アルバータ州の県人会会長を務めていたので、しばしば出席した。１９９１年、大津での世界大会にも帰国出席し、多くの親戚、知人との再会を楽しんだ。続く１９９３年のバンクーバー大会、１９９５年のブラジルのリオデジャネイロ大会にも出席した。こうして夫婦での旅を楽しみながら、１９９７年、春太郎とたみ子はダイヤモンド婚（６０周年）を迎えた。

春太郎は思う。これまで働き詰めの人生だった。過酷な労働にも耐えられたのは、家族の存在が大きかった。たくさんの子供達が待つ暖かい家庭があったからだ。その上、嫁姑の仲が良く、自分にとっては何よりの環境だった。子供達も立派に成長し、独立し、孫やひ孫も生まれた。何も思い残すことはなかった。

たみ子がよく口にしたこんな言葉がある。

「私達が一日外で働けたのは、義両親のおかげです。子供がたくさんいるのに、食事の用意や子供のお世話などをしてくださり、私達は何の心配もなく仕事に没頭できました。ありがたいことです。義両親にはいつも感謝していました」

２００３年１２月２日、家族に看取られながら、春太郎は９０歳で亡くなった。１９２７年、八坂の自宅の荒壁を白壁に塗り替えると意気込んで出発した春太郎だったが、姉達は結婚し、母親もカナダで同居するようになり、後年、八坂の家を親族に売却したため、その夢が実現することはなかった。


いまわの際、春太郎がたみ子に言った言葉がある。

「だましてカナダへ連れて来て、悪かったたな」

たみ子は、春太郎の最期を語る度に、

「だまされたなんて、思っとりませんのになぁ」

と、庇うのが常だった。


たみ子は、２００７年１２月７日、春太郎の元へと旅立った。享年８９。二人は、両親や、２００６年に病気で亡くなった長男と共に、レイモンドのかつての自分達の農場を見下ろすテンプル・ヒル墓地 Temple Hill Cemetary に眠る。

数年前、藤田家はレスブリッジで親族会を開いた。長男を除いた子供が８人、孫が２１人、そしてひ孫が３０人。それぞれの伴侶も加えると９０人が集う記念すべき日となった。

第Ⅳ部　河井の白い雲

河井良夫の系譜

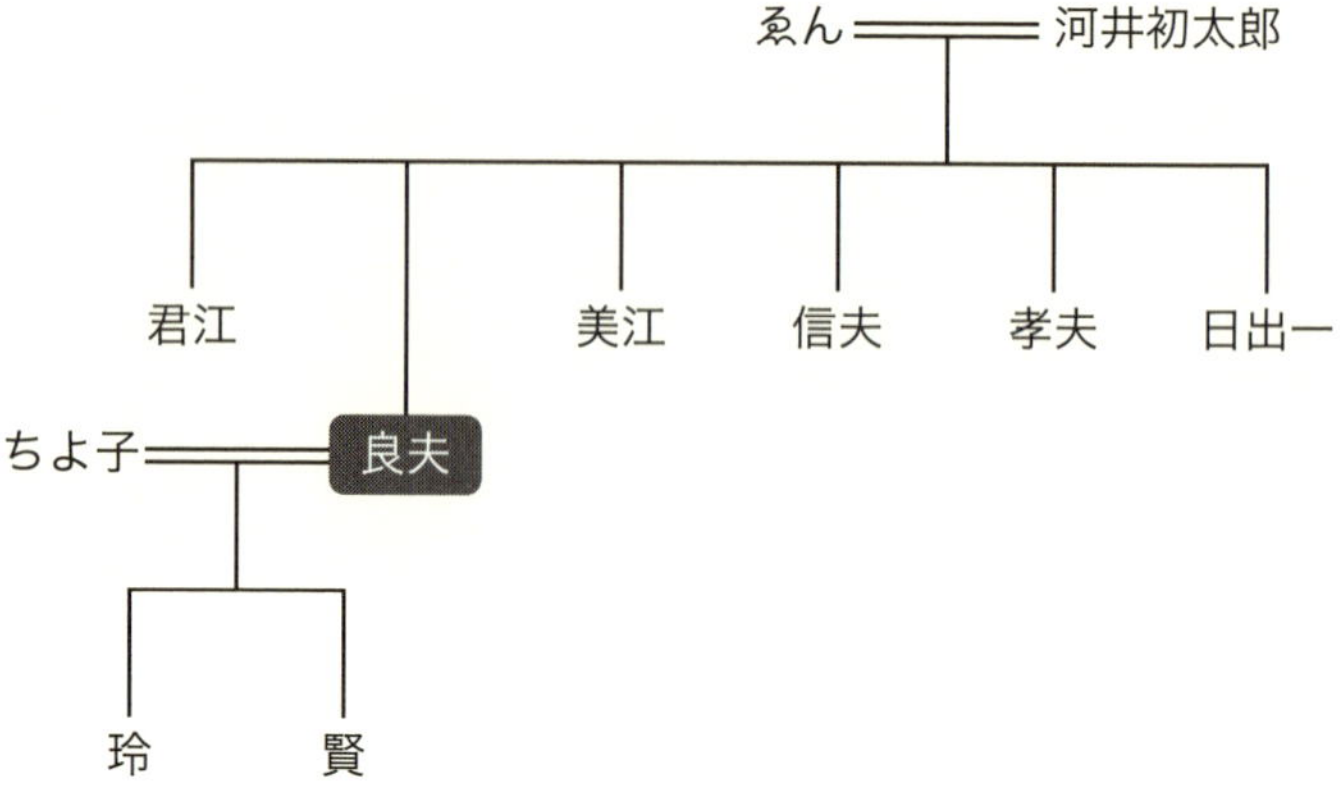
ゑん
河井初太郎
君江
良夫
美江
信夫
孝夫
日出一
ちよ子
玲
賢

第1章　牛との出会い

食肉解体工場での決意

ドイツ製の銃の後部に火薬の入った弾を詰めた。普通の銃とは違い、筒状の特殊な形をしている。５頭の牛はすでに狭い囲いの中に追い込まれ、ぎゅうぎゅう詰めで動けない状態にしてあった。囲いの横には少し高い場所があり、そこに立つとちょうど牛の頭に手が届いた。一頭の眉間に直接銃口を当てて撃ち込んだ。弾が筒の中で爆発し、瞬間、筒口から直径1センチ、長さ10センチほどの鉄の芯棒が、猛スピードで突き出て来た。牛の頭蓋骨を割り、瞬間的に脳震盪を起こさせて殺すのだ。初めが遅れると、全体に影響を及ぼすので、次々と他の牛にも撃ち込んだ。

牛は、すぐに死ぬのではなく、３、４分はまだ動いている。油圧で囲いの鉄のドアが開き、床に転がり出た牛は頭や足をバタバタさせて暴れた。別の男が、もがく牛の後ろ足に滑車の付いたチェーンを絡ませ、油圧でその滑車を牛ごと天井近くに敷かれたレールに逆さに吊り上げた。さらに別の男が、片手で牛の片足を持ち、心臓をナイフで突くと、勢いよく血が流れ出た。

動いている牛は、血が流れやすい。担当の男 Blood Catcher が、ステンレス製のバケツでそれを受け取った。この中には、血が固まらない薬が入っていた。血抜きされた牛は吊られたまま流れ作業のラインに乗り、次の工程へと進んだ。別の部署が皮を剥ぎ、内臓を抜き取り、切断していった。1時間で1頭の解体だった。

あちこちで扇風機が回っている。河井は、午前6時から午後3時半まで、ひたすら牛の眉間を撃ちながら、時給8ドルで働いていた。工場から支給された白の上下の作業服は、邪魔になる長い袖を切り、その上にゴムのエプロンを着け、長靴を履き、ヘルメットを被った。1分1頭、1日480頭の牛を撃ち、作業服もエプロンも血で真っ赤に染まった。

各工程に分かれ、終盤では割りに作業場もきれいで静かだったが、河井が担当する一番最初のキルフロア Kill Flour は、牛の鳴き声や機械の音がうるさく、特に銃の音は耳栓がないと耳が痛くなるような部署だった。また、女性2人も混じって25人から30人ほどが働く現場は、血腥《ちなまぐさ》く、解体場独特の匂いがあった。

火薬の弾を詰めながら、河井は思った。

「俺はいつまでこの仕事を続けるんだ？」

「いくら資金を作ったら良いんだ？」

「俺は確実に酪農ができるのか？」

目安がない。保障もない。絶えず不安がよぎった。カナダに移住して以来、とりわけ先の見えない暗い日々であった。


仕事を探しに行ったカルガリー市でも、何の資格もない自分に仕事があるはずもなかった。１９７６年5月にエドモントン市に来て、飛び込んだ先がここ「カナダ・パッカー Canada Packer エドモントン工場」だった。食肉の解体・加工工場で、肉のパック詰めや加工品なども作っていた。レスブリッジ市 Lethbridge にも工場があり、日本人が働いていて、賃金も結構良いと聞き知っていたのだ。

エドモントン工場の雇用担当の男は、河井を一目見るなり柔道で鍛え抜いたその腕っ節を気に入り、

「なかなか良い腕をしているじゃないか」

と言ってすぐに雇ってくれた。最初の持ち場が、牛を撃つキルフロアだったのだ。この工

場では東欧、ポーランドなどからの移民が多く働いていて、河井は初めてのアジア人労働者だった。

河井は後に、Spreading Beef の部署にも回された。「背割り」である。牛はすでに皮をはがれ、内臓を抜き取られ、滑車に吊られた状態だったが、大きなステンレス製のノコギリで尻の方から背骨に沿って骨を縦半分に切る作業で、熟練した腕を必要とした。

ここでの暮らしは実に質素だった。手取り、月1200ドル。近くの家の地下室を月100ドルで間借りし、食費や雑費に100ドルから150ドルを充てた。残りの約900ドルは毎月貯金した。途中から時給が8・25ドルに上がった。

酪農を目指していた河井は、辛い仕事に目をつむり、心の中で自分に言い聞かせた。

「目的のためだ」

「一生続けるんじゃない」

「ステップだと割り切るんだ」

カナダに移住して2年目のことである。そして1万5000ドル(約300万円)を貯めた。

アメリカが見たい

　1945年11月22日、河井良夫は、静岡県清水市（現・静岡市清水区）で生まれた。両親は布団店を営み、仕立て工場も隣接していた。兄3人、姉1人、妹1人の6人兄弟である。県立清水東高校を卒業し、北海道の酪農学園大学に入学した。高校時代から柔道で汗を流し、大学では柔道部の主将でもあった。ごく普通の大学生活だったが、卒業後サラリーマンになるつもりはなかった。

　戦後19年で日本は復興し、1964年に東京オリンピックが開催されるまでになった。同年4月1日、海外渡航が自由化され、1人に対し、年に1回の渡航で、持ち出し外貨は500ドルまでという制限つきだったが、堰を切ったように多くの日本人が海を渡った。たとえば、建築家の安藤忠雄もその一人で、翌年から欧米、アジア、アフリカへ旅に出ている。また、作家の沢木耕太郎も少し遅れた1973年に日本を出発し、各国を巡った。その旅行記『深夜特急』によって多くの若者達が触発され、海外に目を向けるようになった。河井のまわりでも、自由化を機にアメリカに旅行する友人達が出て来た。

1970年のある日のこと。

「河井さん、アメリカに行ってみないか?」

声をかけたのは、5歳年上の大学の同級生、秋葉　保である。

彼は、アメリカをよく知っていた。1960年代前半に、カリフォルニア州の州都・サクラメント市の北部にある、ユバシティ Yuba City の大きな果樹園で働いた経験があった。数年間に及ぶ農場生活も体験していた。後に、聖隷浜松病院付属看護学校校長となる秋葉は、この時、学生運動や反戦運動が盛んで、反米感情の強い、1960年代後半の日本しか知らない後輩達に、外の世界を見るようにとアドバイスをし、その選択肢としてアメリカで実際に生活することを勧めてくれたのである。

河井自身、かねてからアメリカには非常に興味を持っていた。

「一体どんな国なのか、この目で見てみたい」

という気持ちがあった。ニューヨークの知り合いに相談すると、

「観光ビザで来い」

との返事。観光ビザで入国後、アメリカ国内で労働ビザに換えて、酪農家で実習生として働くことを提案された。後日、その知り合いというのは、ニューヨークで日本人に職を斡旋

する仕事をしていた人だとわかった。

河井の資金稼ぎが始まった。出国までの半年間、日当1100円の土方仕事で毎日8時間汗を流した。1970年3月に大学を卒業したが、社会人になった同級生の初任給が4万円で好条件だと言われた時代、羽田発サンフランシスコ経由ニューヨーク行きの日本航空で、片道18万円かかった。万が一、ジョン・エフ・ケネディ空港で入国の許可が下りずそのまま帰国ということも考え、帰りの500ドル（18万円）も用意しての旅だった。当時、1USドルは360円で固定化されていた。見かねた父初太郎が資金を一部援助してくれた。

1970年6月の終わり、河井は、2歳年下の大学の友人、加藤昌克君と共に日本を発った。ニューヨークに着くと、相談していた知り合いに会い、市内で1泊した。翌日には、汽車に乗った。紹介された先は、ニューヨーク州の州都・オールバニAlbanyの西にあるフォンダFondaという町の近郊だった。2人は、それぞれ別の酪農場に滞在した。河井の送られた先は、ジャフェ酪農牧場Jaffe Dairy Farm。一方、加藤君は、800haもあるクリング農場Kling Farmの酪農部門で働くことになった。

酪農への目覚め

ジャフェは46歳、ユダヤ系ドイツ人で、第二次世界大戦中にドイツからフランスを経て、アメリカに移住した人だった。妻は39歳。子供が3人と、おじいさんが同居していた。河井の条件は、ここで1年半の研修をし、給料として1日10ドル（3600円）を受け取ることだった。そして個室と一日三食が提供された。ただ、近くの建設労働者の日当が1日40ドル（1万5000円）だったのに比べると、はるかに安い賃金だった。

ジャフェは、非常に親切だった。英語も酪農も知らない河井に、毎朝話しかけ、丁寧に仕事を教えてくれた。日課は以下の通りである。

朝5時半に起床。牛舎に入り、4つの搾乳機を揃えておく。搾乳するために、放牧場に出ていた牛50頭ほどを牛舎に入れる。牛は、自分の所定位置を臭で知っていて、ほとんどの牛は自分でそこに入り、改めて、前に置いてある濃厚飼料を食べ出すので、牛を挟み込む仕切りを50頭分閉めてから、搾乳に取り掛かる。これに1時間半ほどかかり、掃除の時間も入れて8時頃に終わる。

8時から9時までは朝食。9時から、先ほど閉めた仕切りを外し、再び牛を放牧場に出す。サイロから機械で飼料を取り出し、飼料桶に入れ、牛に与える。10時頃から、牛の寝床の糞を、三又（フォーク）で糞尿処理機の中に落とし、新しい寝藁を入れる。1日分の糞を堆肥散布機に入れて、土地に撒きに行く。こうして午前中の作業が終了する。

ジャフェ家での昼食は、1日の内で一番のご馳走が出た。朝食でもチーズやハムが食べ放題で、夕食にも肉がふんだんに出て来た。若い河井にとっては有難かった。どこの農家も水洗トイレが普及し、ミルクハウス（搾乳をする所や貯蔵タンク、洗浄所を含む部屋）の蛇口からはお湯が出た。午後2時頃まで休憩。その後は時期によって、フェンスの修理をしたり干し草作りをしたりで、いろいろ変わる。午後5時になると夕方の搾乳にかかり、朝と同様に搾乳をし、餌を与えた後7時頃に終了。

酪農学園大学で多少の実習をし、卒業したといっても、実際の仕事にはほとんど携わったことがなく、トラクターの運転さえまともにできない状態だった。確かに基礎知識はある程度持ってはいたが、ジャフェに始めから教えられたようなものだった。

ジャフェは、河井にできることから始めるようにと伝え、難しいことは彼自身でしていた。

それでも2年目になると、河井も完全に慣れて、どんな作業でもできるようになっていった。

仕事を覚えていく中で、彼は、アメリカと日本との酪農の違いを感じ取った。何より、アメリカでは労働の生産性が高かった。規模が大きく、機械化が進み、作業が能率的だった。

また、酪農家の生活が非常に豊かだった。

たとえば、週末は皆、作業を休み遊びに行く。夏休みも十分に取る。必ず老夫婦と若夫婦は別居で、奥さん達は酪農作業にはタッチせず、きれいな服を着、普通の主婦の暮らしをしていた。また、彼等の日々の食事は充実していた。日米の差は歴然で、アメリカの酪農は20年以上進んでいた。

「こういう酪農なら、自分にもできるのではないか?」

「日本よりももっと楽な形でできるのではないか?」

25歳の青年の目に映る異国での酪農のあり方は、魅力的だった。

「北米で酪農がしたい」

と思うようになった。

実は、ここでの研修を始めてすぐに移民局に行き、観光ビザから労働ビザに切り換える申

請をしていたが、その後、移民局からは何の音沙汰も無かった。心配する河井に、ジャフェは、

「お前は、きちんと手続きをしたんだから大丈夫だ。返事が来るまで待て」

となだめた。半年後、ようやく返事が来た。

「受け付けた。これより向こう1年働いて良い」

と書いてあった。結局、観光ビザ、労働ビザ合わせて1年4か月を過ごした。


その中で、稀有な体験もあった。当時、ユダヤ人が近隣の6軒の酪農家を回って集乳し、近くのミルク工場に運んでいた。そこでパック詰めにし、ニューヨークに運び、コーシェル・ミルク Kosher Milk としてユダヤ人達に売っていたのだ。河井がいたジャフェ農場にも、黒い髭をはやし、独特の黒い衣装に山高帽を被ったユダヤ人が回って来た。

「勝手に搾乳するな」

「必ず自分の面前で搾れ」

「ミルクタンクの蓋は絶対に開けるな」

などと、うるさいくらいに河井に指図した。


実際、河井が搾乳する間はそばでじっと監視し、搾乳が終わると、その2トン入りのステンレス・スチールのタンクについている小さな蓋を自分で閉め、紙の粘着テープを貼り付け、

その上にヘブライ語で何か書き、祈った。わずかそれだけの仕事で、自分よりもはるかに高い賃金を受け取っているその男に腹が立ち、河井は時々その蓋をこっそり開けていた。

ジャフェ農場で働いた後、河井はペンシルバニア州イーストン市Easton近郊にある、アップ・ストリーム・ファームUp Stream Farmでさらに半年間働くことになった。加藤君は、ニューヨーク市に移った。

新しい勤め先は、地元でも大きな酪農家で、アルバイトの高校生が大勢働いていた。女子高生達と友達になった。アメリカ人は人懐っこかった。たとえばクリスマスには、日本から一人で来ている河井のためにと、三軒の家庭から招待を受けた。また、高校3年生のキャシー・カヴァレロCathy Cavalleroは、河井を自宅に招待し、家族と話す機会を作り、あちこち案内してくれた。

アメリカ周遊

契約は1972年3月に終了し、4月には約2年間のアメリカ滞在のビザが切れたが、河井は日本に帰国せず、そのまま隣国のカナダを目指した。所持金が２４００ドルあった。ナイアガラからバスでカナダに入国した。オンタリオ州の州都・トロントの北部にある酪農家で、４か月間働いた。

同年9月、河井はカナダのモントリオールからアメリカへ再入国した。アメリカ大陸横断バス、グレイハウンドGreyhoundで、国内旅行をするためだ。2か月間、アメリカ国内を自由に移動できるという、旅行者用の切符を約２００ドルで買った。

主にＹＭＣＡに宿泊しながら、各地を訪ねた。ニューヨーク　↓　ロサンゼルス　↓　サンフランシスコ　↓　シアトル　↓　マディソン（ウィスコンシン州）↓シカゴ。気に入ると、同じ町に1週間ほど滞在した。１０月、河井は2か月あまりの旅を終えた。

一方、ニューヨークに移った加藤君は、日本企業の社員を相手に昼の弁当を作って売る料理屋の一つで働いていた。その店は、あるビルの中に大きな調理室があり、何人かの料理人と加藤君のような売り子を雇っていた。当時日本企業が、ニューヨークにも進出して来ており、同じような弁当を売る店が数軒あった。大きな旅行用バッグに６０個ほどの弁当を詰め、昼前になると地下鉄などを使って運んで行った。行き先は、当時建設中のワールドトレードセンターなどで、建設中にもかかわらず、何階かまではすでに使われており、日本人社員に1個2ドルで弁当を売った。一日にすると、400個から500個を売っていた。別の弁当の店は、電気釜を現場まで持って行き、そこでご飯を炊いて売っていた。

第2章　世界旅行へ

ヨーロッパ

アメリカ周遊を終えた河井の関心は、アメリカから少しずつ世界へと広がっていった。

1972年11月、当時最も安かったアイスランディック航空、ルクセンブルク行き169ドルのチケットを買うと、ヨーロッパに向けニューヨークを発った。

以下は、河井の諸国放浪の経路と見聞である。

《ルクセンブルク》

ドイツ、フランス、ベルギーに囲まれた小さな国でありながら、ルクセンブルクは交通と金融ではヨーロッパの要地の一つである。ルクセンブルク市内のユースホステルには、20歳代前半の男女が大勢滞在していた。国籍も様々だった。

《 オランダ 》

列車で首都アムステルダムへ移動した。

当時のアムステルダムは、ヨーロッパにおける若者達の溜まり場のような存在になっていた。安いホテルがあちこちに点在し、食べ物も安価だった。マリファナ、買春が野放しだった。駅では、簡単に他国の通貨に交換できるという便利さもあった。若者達はそんな自由な都市を、「アムス」と呼んで気に入っていた。河井はここに2週間滞在した。

《 ベルギー・フランス・スペイン 》

再び列車でベルギーを経て、フランスのパリへ向かい、市内を観光した後、さらにスペインのマドリードを目指した。

ヨーロッパはユースホステルが普及していて、どの町に行っても、若者は安く長期滞在をすることができた。マドリードのユースホステルへ行くと、客のほぼ半分が日本の若者であることに驚かされた。マドリードの朝は遅く、10時頃から仕事を始め、夜7、8時に一日を終えた。市内のいたる所に、エビなど魚介類を中心にした料理と、スペインの酒「ビノ」を飲ませる店があった。パエーリャのような、米に魚介類や野菜を混ぜた料理は、日本人の味覚によく合った。

なぜか河井はここに来て、若者達から、

「写真を撮らせてくれ」

と頼まれることがたびたびあった。日本人なのにアメリカ人のような恰好をしていて珍しいというのだ。日本の旅行者からも、

「アメリカ人みたいだ」

とよく言われた。２年のアメリカ暮らしが、河井の外見をすっかり変えてしまっていたようだ。

マドリードでは、古都トレドなど多くの名所を訪問。闘牛やフラメンコを見て、３週間近く滞在し、次は列車でアンダルシア地方の古都グラナダを目指した。ここでは、３日間ほど滞在し、アルハンブラ宮殿などを見学した。

次の目的地は北アフリカだった。ジブラルタル海峡を渡るために、列車でスペイン南部の町に向かった。

地中海沿岸

《 モロッコ 》

フェリーでモロッコに渡った。首都・ラバトまではバスに乗り、町のホテルに泊まった。旧跡を訪ねた。旧フランス統治領の北アフリカは、フランス語が主流だった。

《 アルジェリア 》

ラバトから列車に揺られ、隣国アルジェリアの首都・アルジェに着いた。同行していた日本人の学生とホテルを探していたところ、現地の人から当時パレスチナの難民達が住んでいた「パブリックバス」という安ホテルがあると聞き、そこに泊まることにした。異様な雰囲気の中で何日かを過ごした。有名なカスバやフランス植民地時代の高層アパートなどを見て回った。

当時のアルジェリアは共産主義国である。入国時に持ち物をすべて登録し、出国の際にそれらを持っていない場合、人に売ったとみなされ、罰金を科せられると聞き、カスバを歩く時、また列車の中でもカメラを肌身離さず、ケースのひもを腕にぐるぐる巻くなどして、盗られないように注意を払った。

《 チュニジア 》

再び列車に乗り、チュニジアの首都・チュニスへ入った。

モロッコ、アルジェリアに比べ豊かな国で、カルタゴの遺跡や真っ青な海を臨んでヨーロッパの富裕層の別荘が立ち並び、まさに観光地という印象だった。

《 イタリア 》

3日間滞在したチュニジアを後にし、11月下旬、チュニス港からイタリアのフェリーでシシリー島のパレルモに到着した。

2日後、イタリアの南からナポリまで列車で移動した。1週間の滞在中、ポンペイの遺跡やナポリ市内、風光明媚な海岸を歩いて見て回った。イタリアでは、レストランで勘定をだまされそうになることが何度かあったが、ここで暮らす日本人は、

「イタリアは長く住むと良い所だ」

と言った。

ナポリから、イタリア国鉄に乗り、イタリア半島のアドリア海に面した、古代からの要

港であったブリンディジへ向かった。

《 ギリシャ 》

さらにフェリーに乗り換え、ギリシャの小さな港町に着いた。続いて、バスでアテネに直行した。アテネでは、普通のシティ・ホテルに泊まりながら、パルテノン神殿などを見物した。

中東にて

《 トルコ 》

アテネ空港からトルコ航空に乗り、河井が訪ねてみたいと思っていた場所の一つ、イスタンブールに到着した時は、１９７２年１２月中旬になっていた。

イスタンブールにはいたるところに安宿があり、若者にとって便利な所だった。バザール、宮殿など興味深いものは沢山あった。ここはまた、中近東からインドまでの旅をする若者にとっては、一つの出発点でもあった。河井は、これから通過しようとしている、イラン、アフガニスタン、インドなどの入国ビザを取り、また、タイ・インターナショナル航空の「バンコク─香港─台北─東京経由」の帰りのチケットも準備した。

河井は同じ旅行者と共にイスタンブール駅へ向かい、首都アンカラを通過し、東部の町エルズルムまで行った。トルコの客車はヨーロッパと同じ8人1室のコンパートメントタイプで、通路に沿って各室が並んでいた。エルズルムまでの道中、8人は家族のようになり、食事を分け合い、河井達が差し出したアメリカ製のタバコを皆が喜ぶというような旅だった。トルコ人は大変親日的で、片言の英語でも何とか話が通じ、道中楽しく過ごせた。

同年のクリスマスイブに歴史の町エルズルムへ到着し、2泊した。

大型バスに揺られ、国境の小さな町に向かった。5千メートル級の山並みが続き、中でも旧約聖書の「ノアの方舟」の漂着地点として有名な、アララト山が印象的だった。ここで1泊し、翌日トルコ・イラン国境を通過することにした。

《　イラン　》

翌朝、マイクロバスでイランとの国境に向かった。しかし、通過はしたものの、そこからは定期バスなどなく、個人が所有する古びたトラックや小さな乗用車が何台か待っているというような場所だった。

小型トラックの荷台に乗り、雪が降り積もった丘陵地帯を眺めながら、国境の町タブリッツまで行った。さらにそこから大型バスに乗り換え、ようやくテヘランに到着した。

その当時は、イラン革命の前で、皇帝シャーが統治していた。市内はまるでヨーロッパの街かと思うほど開放的で、チャドル姿の女性はほとんど見ることがなかった。首都テヘランの日本大使館へ行くと、50代の日本人女性に出会った。車を運転して一人で中東を旅していると聞き、こんな危険な地域をと、驚いた。

《アフガニスタン》

テヘラン駅から再び列車に乗り、イスラムの聖地メシェドへ行った。ここでは、アメリカ人2人、ドイツ人1人、カナダ人1人、そして河井ともう一人の日本人の計6人の若者で、イラン、アフガニスタンの国境を越え、大きな町ヘラトに到着した。その頃、世界中を放浪している若者達は、アメリカ、カナダ、ドイツ、イギリス、フランス、日本などの豊かな国からがほとんどだった。

入国の際、

「ヘラト、カンダハル、カブールと主要都市を結ぶ幹線は、一応安全を確保しているが、それを外れると責任は持てない」

と言われた。

当時、王制だったアフガニスタンでは、政府のコントロールが地方にまで行き届いていなかった。また、大変気が荒いという国民性もあったようだ。そのアフガニスタンには鉄道がなく、古いバスに揺られてハイウェイを行った。路傍の休憩所に着いてもトイレがないので、皆は少し離れた場所で用を足した。また、イスラム教徒は、日に6回、メッカの方を向いて祈るため、その度にバスが止まった。バスの中では、人々はハシシーなどを吸い回していた。

ヘラト、カンダハル、カブールは、中世の街並みがそのまま残っていて、そのカブールには、1972年12月31日に到着。約2週間、ホテルに滞在しながら町を見て歩いた。

パキスタンとインド

《パキスタン》

1973年1月中旬。バスでパキスタンを目指した。有名なカイバル峠を下って行った。

再びバスを利用してペシャワール、ラワルピンディ、ラホールへと国内を移動した。

《インド》

そのままラホール国境からインドへ入国した。極寒のアフガニスタンから、いきなり春のようなニューデリーを体験することとなった。ニューデリーとオールドデリーは、くっついた一つの町のようになっており、ニューデリーは英国が開発した官庁街だった。3日間ほどオールドデリーに滞在し、ニューデリー発カルカッタ（コルカタ）行きの列車に乗り、インド第3位の都市カルカッタを目指した。

インドの列車の座席は、1等から6等まであり、試しにと河井は最低ランクの6等に乗ってみたが、カルカッタまでの24時間、大変な旅になった。

6等車の座席はすべてが板作りで、乗客のほとんどが一見してわかる最下層の人々だった。河井が座席に腰を下ろすと、座席券が買えない客や無賃乗車の人々が河井の周囲を取り囲み、足元にまで潜り込み、おまけに3人くらいが床に寝そべるので、河井が足を置く位置も占領されてしまった。窓は開けっ放しだったが、列車が駅に停まるたびに、急いで窓を閉めた。どの窓からも次々と人々がよじ登って入り込んで来たからだ。カルカッタに着いた時、河井は疲労困憊していた。

カルカッタでは、かつての富豪の邸宅を貧乏旅行者用に改装したホテルに滞在した。ベッド一台を、1日6ルピー（当時240円）で買って寝るシステムだった。ベッドが10台並ぶような大部屋では、男女一緒で、すぐ隣にイギリス人女性が寝ていたりすることもあった。それでも、このホテルには、必ずインド人の警備員がいて、客以外のインド人達が勝手に入って来ることはなかった。

河井はこのホテルにしばらく落ち着くことにし、最下層の人々や、放し飼いの牛など、いろいろなものでごった返す町の中で過ごした。物乞いが旅行者の河井に、

「何か食べさせてくれ」

と近寄ったり、当時インドにはテレビがなかったので、

「映画を見せてくれ」

などと頼んで来た。下層のさらに下の階層のチベット人母娘と親しくなり、河井にとっては大した額ではなくても、彼等には生活の足しになるだろうと、現金を渡し、また、ちょっとした食べ物屋へ連れて行ったりもした。

河井はここで、稀有な体験をしている。

日本での柔道の経験を買われ、カルカッタ柔道クラブの指導者として約1か月間インド人に教えた。当時インドでは、日本人から直接指導を受けることは珍しく、おまけに無料ということで、生徒達は喜んで毎日通って来た。お礼にと、河井を幾度となく自宅に招き、その度にインド料理を振る舞い、また、バイクに乗せて河井が喜びそうな所を案内してくれる生徒達もいた。こうして中流階級の人々とも親しくなっていった。

1か月の滞在を終え、河井は列車で聖地ベナレスへ向かった。釈迦の説法地である鹿野園を訪れ、ガンジス川のガート（ヒンズー教巡礼者の沐浴場）に1週間滞在した。ベナレスの町を歩いていると、全く偶然に大学時代の同級生に会い、懐かしさのあまり、ホテルで一日中語り合うなどのハプニングもあった。

実はこの時、河井はかなり疲労していた。アフガニスタン、インドの旅行で強い下痢の症状が続いていたのだ。少し身体を休めるために、再び列車に乗りカルカッタへ戻った。

インド滞在の最後の3週間を、ベンガル湾に臨み、聖地また保養地として名高いプーリーのホテルで過ごすことにした。カルカッタ駅からプーリーエキスプレスに乗り、約２０時間かけて到着した。河井にとって、インドは強烈な印象を与えた。今でもカースト制度的なものが根強く残存する全く異質の社会を体験し、その時に見聞した事は今でも鮮明に記憶に残っている。

アジア

《 タイ 》

1973年4月20日。

4月に入るとインドの夏が始まり、熱風が吹く中を、カルカッタからタイ・インターナショナルの飛行機に乗り、バンコクへ向かった。国内はバスで移動し7、8時間かけて、当時タイ第二の都市チェンマイに1週間滞在した。チェンマイでは、ちょうどソンクラーンという祭りの真っ最中で、町の人々が誰彼ということなく水をかけ合っていた。

《 香港・台湾 》

再びバンコクへ戻ると、タイ・インターナショナル機で香港に飛んだ。10日間ほど滞在した。

次に、旅の最終地である台湾に向かった。2週間かけて台北などを回った。まだ蒋介石が健在で、町のいたる所に警察官が立っていた。田中首相の訪中後の町はどうかと思っていたが、非常に親日的で、年配者のほとんどは日本語が堪能だったので、滞在中は日本語で通用した。映画館では、まず全員起立し、国家演奏、蒋介石がオープンカーで手を振って行く映像を見せられ、その後に映画が始まるといった案配だった。

1973年5月末、河井は旅を終え、羽田空港に降り立った。アメリカから始まり、約9か月の世界の旅だった。出発時、所持金は2000USドルだったが、円にして約5万円が財布に残っていた。

第3章　カナダに築く家庭

カナダ移住

「北米で酪農がしたい」

そんな思いで帰国した河井は当初、アメリカへの移住を望んだが認可されず、カナダが受け入れることになった。渡航の資金を作るために、主に大成建設の下請けをしていた東京都足立区の土建会社・斉藤組で働き、建設現場から道路工事まであらゆる仕事をこなした。前回の旅の途中で知り合った男性と一緒に住み、1973年7月から12月まで、月給11万円ほどで働いた。

型破りの息子がどこかに納まってくれたらと常々思っていた両親は、河井の移住に反対することもなく送り出してくれた。友人達も、海外に行く河井をうらやましがった。

1974年5月1日、河井は、カナダ西部の大平原アルバータ州に向け出国した。農場労働者Farm Workerとして、雇い主であるティフェン酪農牧場Tiffin Dairy Farmの経営者、スタンレー・ティフェンStanley Tiffinが身元保証人となり、移住者ビザも、ティフェン・ファームの名で取得できた。酪農経営という、空に浮かんだ白い雲を目指しての河井のスタートだった。

レスブリッジ市の郊外にあるこの農場は、ティフェンが三代目で、無借金経営がなされ、240haの土地を持っていた。牛は全部で270頭。その内、搾乳牛100頭を含む220頭の乳牛と、50頭の肉牛がいた。

河井に与えられた仕事は、搾乳と牛の管理だった。酪農家にとって牛の管理は特に重要な仕事で、牛の発情を見抜いての種付け、また病気の発見、出産、子牛の飼育などを行い、常に新しい牛を育て、古い牛を淘汰していった。

朝5時に起床。もう一人の担当者と二人でミルクを搾っていたので、一人は牛を追い、他の一人が搾乳機を準備し、8時頃までには終了した。9時からは牛を外に出し、トラクターで糞を運び出した後、牛舎を掃除し、寝藁を入れ、牛の発情や病気のチェックをした。この一連の作業が昼12時頃までかかり、12時から午後3時半まで休憩。夕方は、3時半から

6時半まで再び搾乳に取り掛かった。河井には、ここでの仕事は今まで働いた農場に比べると楽に感じられた。

1年半働く中で、農業に関するより専門的な知識の必要性を感じた河井は、仕事を辞め、市内にあるレスブリッジ・コミュニティーカレッジ（現・レスブリッジ・カレッジ）へ入学した。半年間の農業機械学コースを受講した。このカレッジは、地域住民のために設立され、他にもコンピューターコース、移民を対象とした英語コースなどがあった。

1976年5月、河井は車に荷物を積み込み、仕事を求めて隣のカルガリー市へ出発した。オイルブームで夜間も地面を掘り続け、高額を稼ぎ出す労働者もいる中、河井は仕事にありつけなかった。町の職業安定所に行き、農場での短期の仕事を見つけて働いた。

独立への準備

酪農経営を考え始めていた河井は、安定した職を求め、今度はエドモントン市へ移った。運よく食肉解体工場「カナダ・パッカー」での仕事が見つかり、1976年5月から1978年6月の間に1万5000ドル（約300万円）を貯めた。この年1978年、続く1979年にかけ、河井の人生を左右する大きな出会いがあった。

1978年10月、河井は、レスブリッジ市から東へ約20キロメートルの、コールデールCoaldale郊外にあるオランダ系、ドンカスゴッド農場Donkersgoed Farmで働き始めた。農場主のタイメン・ドンカスゴッドTymen Donkersgoedは、2代目で、酪農と養鶏の経営者だった。酪農では、搾乳牛100頭、全体で250頭を所有し、ブロイラーは5万羽、土地は120haという農場だった。

河井の仕事は、250頭の牛の管理マネージャーで、同僚のクリスがブロイラーと機械の管理マネージャーだった。ドンカスゴッドは、酪農経営者であると同時に、アルバータ州のブロイラーと卵の委員会の委員長を兼務していた。この委員会の運営組織がエドモントン市にあり、いつも飛行機で行き来するほど多忙だったので、実際の経営にはほとんど携わっていなかった。その分、河井へ寄せる信頼と期待は大きかった。

ここでの生活は、独立を考え資金を貯めたい河井にとって、大きなメリットがあった。出費をぎりぎりまで抑えることができたからだ。従業員用の3つのトレーラーハウス（車輪の付いた移動型住宅）があり、河井はその中の一つを与えられ、後に結婚してからも夫婦でここに住み続けた。少し古いが、120㎡、4ベッドルームの広さがあった。毎月50ドルを払うだけで、家賃、光熱費などすべてドンカスゴッド農場が面倒を見てくれた。その上、ミルク、鶏肉などすべてただで手に入った。

1981年8月、アルバータ州のミルク委員会 Milk board の委員も兼任しているドンカスゴッドが、河井にこう示唆した。

「ヨシ（河井は皆からこう呼ばれていた）、酪農を始めるなら、今のほうが良い。来年くらいまでに、アルバータ州はミルクの生産が増えて、生産限度いっぱいになり、クォータの値段が上がるだろう。すぐに金を集めろ」

カナダは、酪農家に対しクォータ制を採用していた。クォータとはミルクの出荷権のことで、農場全体のミルクの出荷は、自分が買ったクォータの範囲内に限定された。年間に出荷できるミルクの量に対してクォータの価格も変わり、この権利がなければミルクの出荷はできなかった。

河井は独立を決めた。１９８１年１０月までの約３年間で、１万５０００ドル（約３００万円）を貯め、貯金は計３万ドル（６００万円）になっていた。河井は全力で資金を集めた。

結婚・家族

河井は、ドンカスゴッド農場で独立に向けた準備をしながら、自身の結婚を考えていた。夫婦で力を合わせてこれからの人生を切り開きたいという思いを持っていた。また、経営をしていく上で、既婚者であり、家族があることは、周囲からより信用が得られるということもわかっていた。

１９７９年８月、そんな河井のもとに高校時代の友人から一本の連絡が入った。１週間の観光旅行でカナディアン・ロッキーに来るという。当日空港に迎えに出た河井に、友人は、妹と他の数人の仲間を紹介した。その一人が妹の友人、篠原ちよ子だった。レスブリッジがどこにあるのかも知らず、友人からはそこに兄の友達がいるとだけ聞かされてついて来ていたちよ子は、河井とは全く無縁の、都会で生きる女性だった。

１９４７年１０月２５日、ちよ子は三人姉弟の長女として、山梨県甲府市で生まれた。高校卒業と同時に東京の大学へ進学し、図書館学を学んだ。卒業後は、図書館司書として働いていたが、文章を書くことが好きで、コピーライターに転身。銀座にある、電通の子会社に入った。

キャッチコピーを考えたり、また政治家のゴーストライターをしたり、様々な仕事に携わった。その中でも特に印象に残る仕事があった。ＮＨＫのテレビ番組『今日の料理』である。全国各地で料理を指導する企画に合わせ、新聞の全面広告の記事を書くために、著名な料理研究家一人ひとりへの取材を続けたのだ。

ホテルオークラ東京の初代総料理長・小野正吉を初め、柳原敏雄、辰巳浜子、田村魚菜、堀江康子、城戸崎愛、大原照子、今田美奈子など多くの料理研究家にインタビューした。会話の中で料理についてヒラメキを得ることもしばしばあった。戸惑ったのは、小野正吉の型にはまらない料理法だった。計量器を使わず、長年つちかったカンとコツによる独自の調理だった。

好きな仕事ではあったが多忙を極め、執筆は連日深夜に及ぶこともあり、ようやく仕事が終わればそのままネオンの街に繰り出すというような、不健康な生活が続いていた。東京の暮らしに疲れていた。そんな矢先のカナダ旅行への誘いだった。

河井は、アメリカ製の大型ワゴン車を借りて、彼等をバンフやジャスパーなどロッキー山脈の人気のスポットへ案内した。そして、農場の仕事仲間も加わってバーベキューパーティーを開くなどして歓待した。1週間の滞在の後、河井はちよ子に、

「もう少し残れないか」

と打診した。しかしツアーを組んでおり、仕事もこれ以上休めず、ちよ子は予定通り発った。

帰国後、河井とちよ子は手紙のやり取りをするようになった。何通かの手紙が行き来したその年の暮れ、いきなり河井からちよ子の元に結婚の呼び寄せの書類一式が送られて来た。これは日本に住む人が、結婚を契機にカナダへ移住する際のカナダ政府への公的手続きの書

類であり、当時、許可が下りるまでに数か月かかった。

プロポーズの言葉もなかったが、ちよ子にはそれがかえって新鮮に感じられた。書類は翌年の3月までに手続きをしなければならず、健康診断も必要だったので取りあえず受けておいた。


そして3月になり、河井がちよ子と彼女の両親に会うために日本へ帰国した。その時も河井からは、

「書類の手続きをしたか？」

と訊かれただけだったが、ちよ子はすでにカナダへ行く決心を固めていた。

娘から河井の話を聞かされた両親は、あまり反対はしなかった。３２歳の当時としては婚期の遅れた娘の行く末を案じていたからだ。一方、カナダ旅行に一緒に行き、都会暮らしのちよ子を良く知る友人は、

「あんなに寂しい所でちよ子さんが暮らせるわけがない」

と、カナダでの結婚生活を非常に心配した。しかも、全く経験のない酪農家の妻になるのだから。

1980年8月23日。15人ほどの友人達が見守る中、二人はレスブリッジで結婚式を挙げた。河井34歳、ちよ子32歳だった。単身でやって来た花嫁は、日本で準備した芦田淳デザインの純白のウエディングドレスに身を包んでいた。花も音楽もすべて友人達が準備してくれた。

娘が出立した後、両親は、

「本当に遠くに行ってしまったんだ」

と、初めて一人娘を手放したことを後悔した。

カナダで始まった新婚生活を、ちよ子はこう振り返る。

8月初め、アルバータ州にあるカルガリー空港に着いた。1988年の冬季オリンピック開催地として知名度が上がる前である。さらに19人乗りのプロペラ機に乗り換え、40分ほどすると、レスブリッジ空港に到着した。空港の建物は建設されたばかりの平屋で、こじんまりとしていた。出迎えた河井が、

「これでもずっと良くなり、以前はバス停みたいな空港だった」

と釈明した。

河井の車でドンカスゴッド農場の借家に向かった。青く大きな空の下には、地平線が360度に広がっている。車の中から延々と続くその景色を見ている内に、ちよ子の胸に込み上げて来るものがあった。

「ああ、私はやっぱり間違って来てしまった」

1年前のカナダ旅行は、わずか1週間だったが、ちよ子の心に強い印象を与えた。ロッキー山脈と湖の美しさ、バンフの町の散策、大きなステーキなど、見るもの一つひとつが驚きであり、新鮮だった。仕事のことは忘れ、ただ解放感に浸った。その心地良さが、ちよ子を河井との結婚に導いた。

しかしいざ生活が始まると、かつて味わった旅行時との違いを早々に思い知らされた。都会の喧騒やネオンが思い出された。

「なぜ、全部を捨てて来てしまったのか」

「何と軽はずみなことをしたのか」

新婚早々のホームシックは河井を困らせ、その年12月、ちよ子は一人で日本へ里帰りした。

懐かしい東京のはずだったが、ちよ子が抱いた印象は違った。

暖房の設備にしても、日本家屋の寒さが身に沁み、改めてカナダのセントラルヒーティングの快適な生活が思い出された。再びカナダでの生活が始まると、薄紙をはぐようにホームシックは消え去り、全く異なった環境も次第に受容できるようになっていった。

1983年9月長男の賢が、1986年5月、次男の玲が誕生した。

第4章　酪農経営

初めての経営と挫折

結婚から1年3か月後の1981年11月。河井は独立した。カナダ・パッカーでの食肉解体の仕事に始まり、酪農場で働いた約5年5か月の間に貯めた3万ドル（600万円）と、歯科医をしている日本の友人から借りた1万5000ドル（300万円）、さらに実家からの援助1万5000ドルを合わせ、資金は6万ドル（1200万円）だった。

カナダ入植の際、河井の身元引受人になってくれた元の雇用主、ティフェン酪農牧場の経営者ティフェンが所有する施設を賃借することにした。早速、2歳の若い雌の育成牛35頭と、中古の0・5トントラック1台を買った。牛1頭の値段は1500ドル（30万円）だった。10月にドンカスゴッド農場を辞めて、1週間後には自分の牛のミルクを搾るという慌ただしい船出だった。セントラルアルバータ・デイリープール Central Alberta Dairy Pool

というミルク会社と契約し、搾ったミルクはすべて引き取ってもらった。

ちょうどこの頃、河井が今でも「時の運」と言う、一つの政策がアルバータ州にあった。1981年、オイルブームで沸くアルバータ州は、仕事を求めてやって来る労働者やその家族で人口が急増し、ミルクの供給が追いつかなかった。そこで考え出したのが、クォータの権利を無料で与えることにより、酪農家にミルクをもっと出荷するように奨励できるのではないかという政策だった。

河井の出荷能力を決めるまでに数か月を要し、1982年3月末、河井はクォータ約250トン分をアルバータ州の牛乳委員会から無償で提供された。これは、年間のミルク出荷量約35頭分に相当する。

当時クォータは、工業用（主にチーズ・バター・粉乳を作る）と、飲用とに分かれていて、河井のものは工業用のクォータだった。生産者は同じミルクを出荷しても、工業用ミルクの価格の方が飲用ミルクに比べて、10パーセントから15パーセント位安かった。

河井が恩恵を受けたのは、この政策の終盤だったようだ。オイルブーム、人口増加、ミルク不足、政府の政策。これらすべてが、河井にとっての「時の運」だった。翌年になると、今度はミルクの出荷が多過ぎて、クォータの価格はそれまでより引き上げられた。

順風満帆に行くと思われた経営だったが、思わぬ困難が河井を待ち受けていた。雇用されていた時には、牛の管理という責任はあったものの、経営的な心配はなかった。いざ自分で経営してみると、気象などに伴う予想外の出費がかさみ、経営面で様々なトラブルに直面した。

スタートしてすぐの1981年から翌年にかけて、零下35度前後の日が2週間ほど続いた。暖かい牛舎を持っていなかったため、乳牛の乳首が凍傷にかかりFrozen Teat、搾乳ができなくなった。また、子牛の凍死などが続いた。

さらに追い打ちをかけるように、1982年から85年にかけ、アルバータを干ばつが襲った。南アルバータは大陸性気候のため、年間を通して天候が大きく変化し、気温の差も激しい。餌の値段が2倍に高騰し、基盤の弱かった河井は、たちまち窮地に追い込まれた。今考えると、経営などというものではなく、その日その日をどうやり繰りするかということに追われる毎日だった。

1986年8月、たった1人でやって来たティフェン農場での経営を、5年にして止めざるを得ない状況になった。自然災害に加え、施設の借り賃が高額で負担になっていたこと、また、古くから続くこの農場の搾乳システムが芳しくなく、乳質に問題を抱えており、河井

の満足のいくものではなかったことなどが理由に挙げられる。河井はこの時のことを、

「干ばつで運が悪かったし、自分に酪農経営の基礎がなかった」

と振り返る。

経営が軌道に乗らず、友人からの借金は初めの返済が遅れた。その間に円が上昇し、返済は倍額以上になり、友人には迷惑をかけ、河井自身も損害を受けた。外国からの借金は、為替レートの変動が大きく影響することを学んだ。

銀行からの借入

河井は、1985年頃から物件を当たっていたが、レスブリッジの近くに6haの土地を見つけた。牛舎、トレーラーハウスを含め、価格は15万5000ドル。不動産屋は最初27万ドルを提示していたが、交渉の末、価格を下げさせた。

河井の金策が再び始まった。手持ちは1万ドル。残りの14万5000ドルを借りるために、Alberta Agriculture Development Corporation に出向いた。アルバータ州政府の農業銀行である。

何度も掛け合うが、保証人がいないという理由で許可が出なかった。

「お前には父親はいないのか？」

「おじさんはいないのか？」

と訊かれた。彼はその度に、

「いない、１人だ」

と答えるしかなかった。


しかし、幸運はある日突然にやって来た。その銀行と同じ建物の中にオフィスを持つ、政府の役人で酪農スペシャリストDairy Specialistのトレーシー・ダウTracy Dowが、河井の窮地を知り、ローンの窓口まで一緒に行き、

「河井に金を貸してやってくれ」

と説得してくれたことから、状況は一変した。河井の経歴と5年間に及ぶティフェンとドンカスゴッド農場での仕事振りが評価され、アルバータ州政府の「ビギナーズ・ファーム・ローンBeginners Farm Loan」１４万５０００ドルを、２０年返済で借りられることになった。しかも、アルバータ州の当時としては低い金利で、最初の5年が6パーセント、後の１５年は9パーセントという条件だった。何より、保証人が必要なかった。

このローンは、新しく農業を始める若い人達への融資で、35歳までという年齢制限と20万ドルまでというローンの上限があったが、ティフェン農場の施設を借りている間に、この年齢制限が外され、40歳になろうとしている河井も借りることができるようになっていた。

河井は今でも言う。

「カナダ政府は、そしてカナダの銀行は粘れば必ず貸してくれる。諦めないことだ」

河井牧場

こうして河井は、カルガリー市から南へ200キロのレスブリッジ市郊外に位置する、ダイアモンド・シティー Diamond City の土地を手に入れた。現在の河井牧場である。2つのトレーラーハウスを連結させて、家族とそこに住むことにした。

牛の搾乳は1日たりとも休むことはできない。1986年8月31日朝、ティフェン牧場で最後のミルクを搾り、すぐにトレーラー2台で牛を河井牧場に運び入れた。その夜からそこで乳を搾り始めた。牛が新しい環境に慣れないため、搾乳には苦労した。通常1時間半で済むところ、3時間かかった。

人を雇う余裕はなく、翌日から朝5時に起きると、8時頃までミルクを搾った。朝食と休憩をはさみ、9時から搾乳する牛の給餌、育成牛の給餌、発情や病気のチェック、牛舎の掃除などで午前中の仕事は終了する。午後は、乾草の運搬や牛の出荷などをし、夕方4時から3時間かけて再びミルクを搾り、その後は子牛の給餌、搾乳牛の給餌で1日の仕事が終了した。

河井の経営方法は、カナダでも特殊だった。まず、最低限の土地を持ち、中古の牛舎や機械を買うことで州政府からの借入金を最低限に抑えることができた。他の牧場では、広大な農地で、牛の餌になる牧草も育てていたが、河井の場合は、牛に与える乾草・サイレージ（サイロで貯蔵、発酵させた飼料）・穀類などすべてを購入飼料にし、酪農家としては、投資額が非常に少なく、現金収入を重視して、ミルクを搾ることに集中するというシンプルなやり方だった。また、河井一人の労働力では人件費もかからなかった。

経営をスタートすると、やっていけるという手ごたえを感じた。干ばつは過ぎ、餌の値段は半額になった。収入の25パーセントという前回借りていたティフェン牧場の施設の支払いより、今度のローンの支払いの方がはるかに安くなり、経営は一気に大幅な黒字に転じた。

さらに経営規模を拡大したいという夢が膨らんだ。河井の土地と建物、クォータは、すでにアルバータ農業銀行の担保に取られていたので、1986年から1994年の8年間は、牛を担保に市中銀行から資金を借りては返すことを繰り返した。

1日も休むことなく、たった一人でひたすら働き続けた。借金はあるものの、希望通りの独立ができたという気持ちのほうが強く、はたから見るほど堪えてはいなかった。この間、日本への帰国を考えることもなかった。クォータは35頭から65頭分に増えた。ただ、自分が病気にかかることが心配だった。怪我が怖かった。


河井は、アルバータ州の同業者の集まりにも積極的に参加した。カルガリーから南の地域で150軒余りある酪農家のうち、オランダ系が圧倒的に多く、80パーセント近くを占める。次にハトライトが20パーセント。日本人は河井一人だった。

河井を含む多くの酪農家は、レスブリッジ支部、カルガリー支部などに分かれ、友好を深め情報交換をした。また、年間の活動方針を決め、政府への要求は会員の意見をまとめて提出した。

河井牧場のあるダイヤモンド・シティ、すぐ近くのピクチャー・ビュートPicture Butte周辺は、レスブリッジ市の北部で、見渡す限り広大な農地が広がり、やはりオランダ系の経営者が多く住む。

第二次世界大戦後に本国から移住して来た農家は、ほとんど何も持たずに海を渡ったが、教会を中心に信仰心が厚く、また結婚や仕事など、教会が彼等の生活の中に入り込んでいる。オランダ政府は、教会の設立や農家の独立など様々に力添えをして来たといわれている。

ところが、ここ20年以内に移住して来た農家は違った。彼等は、オランダの土地が狭い上に家畜が増え過ぎて糞尿の始末に困り、本国で高くなったクォータと土地を国に売って、カナダへ移住して来た人々である。1ミリオンドル（1億円）から5ミリオンドル（5億円）の資金を持って来て、広いカナダで、2倍から3倍の規模の酪農を始めた、いわゆる企業移民である。彼等は、親子、兄弟、親戚同士で仕事を助け合い、機械を貸し借りし、有利な点が多かった。

それに比べ、河井は一人だった。しかし、河井の信念はゆるがなかった。「Milk makes money」の言葉通り、「酪農家はミルクを生産してこそお金が入る」を実践したのである。

その結果、1995年、河井は年間出荷量600トンのクォータを持つにいたった。搾乳牛約65頭、乾乳牛約25頭、育成牛約70頭、総数160頭余のホルスタイン。ついに河井は、思い描いた白い雲をこの手で自分のものにしたのである。

1995年秋、自己資金とアルバータ農業銀行から5万ドル、市中銀行から3万ドルを借り入れ、牧場内に念願の家を建てた。一階の延べ面積は130㎡で、同じ広さの半地下室を有する二階家である。さらに1996年から家を増築し、ガレージを付け足した。総額13万ドルの資金を投入した。1999年、妊娠牛が冬でも暖かい所で出産できるように、マタニティー・ペン Maternity Pen を新しく建てた。また、コンプレックスバーン（ミルクハウス、牛舎、子牛用牛舎の複合体施設）も建てた。

第5章　日本語教育

子育て

父親の影響を受け、小学校1年から高校卒業まで週2回、長男賢は空手を、二男玲は柔道の稽古に励んだ。河井牧場から稽古場までは、子供の足でははるか遠く、河井は午後の搾乳を終えると掛け持ちで息子達を車に乗せ、ダウンタウンの空手道場と大学の柔道場に送り迎えした。これは多忙な作業の時も、厳しい寒さの中でも変わらず、息子の稽古を見守っていた。

子供達は、幼い時から金銭感覚を植え付けられ、「働かなければお金はもらえない」ことを学んだ。毎月の決まった小遣いはなく、長男は、父親の農場で働きながら小遣いをもらった。給餌、牛舎の清掃、糞の処理、牛の出産の手伝い、干し草の運搬、作業車の運転など、時には父親から怒鳴られながら手伝った。二男も、幼い内は農場を手伝い、16歳で運転免許を取得してからは、レスブリッジ市内にあるファーストフード店や、レストランの皿洗いなどで小遣いを稼いだ。

また、多くの二世たちが英語混じりの片言の日本語になっていく中で、息子二人は、英語はもちろんのこと、敬語を上手に使って日本語も流暢に話す。河井の方針で、自宅では徹底して日本語での会話を心がけて来た。それでも、子供達は地元の学校に通い、自然と英語の暮らしになる。特に兄弟喧嘩の時には、両親にばれないように自室に隠れて英語で言い合いをしたと話す。

日本語学校

レスブリッジ市では、子弟の日本語教育のために、１９６４年仏教会日本語学校が設立された。仏教会の施設を教室として開教師が指導していたが、１９９０年に現在のレスブリッジ日本語学校 Lethbridge Japanese Language School として独立した。１９９１年からは、ＪＩＣＡによって教材並びに教師謝礼金として年間１０万円前後の助成金が交付されるようになった。

河井家も長男が６歳になった時からレスブリッジ日本語学校に通わせた。ちよ子は、

１９９４年のＪＩＣＡからのシニアボランティア派遣を契機に日本語教師として活動するようになり、１９９７年、場所を仏教会から現在のサルベーションアーミー（救世軍）の２階に移してからは、校長として運営にも携わっている。

毎週土曜日の午前１０時から２時間の授業を行っている。教師は５、６名、生徒は４歳から１８歳までの３０名前後である。生徒が減ったり、教師がいなかったり、何度かの危機的状況があったが、ちよ子の校長就任以来、延べ１５人あまりの教師が１００人以上の生徒を指導して来た。

しかし、こうして運営して来たレスブリッジ日本語学校は、今、存続が危ぶまれている。理由は、経営難である。収入は、生徒からの授業料、ＪＩＣＡからの助成金、寄付金などによる総計約７０００ドルである。それに対し、支出は、教師謝金、施設使用料、教材費、生徒の保険などである。収支はおおよそ差し引きゼロとしているが、実際は支出がはるかに大きい。施設使用料補助という名目で、長年に渡り河井が多額の寄付を続け、また、生徒の保険代は、河井の農場の保険に組み込む形にして、安く上げられているのが実情だ。

戦前の移民のほとんどが日本語しか話せなかったことで、自分の子供達への日本語教育に熱心だった。戦後の移住者達も文化の継承語としての日本語教育に力を入れて来た。しかし、最近の若い世代の多くは、特別日本語にこだわらない傾向にある。その上、授業のある土曜日は、子供達のスポーツなどあらゆる稽古事が集中する日でもあり、以前は日本語学校が最優先であったのが、家族の時間、自分達の生活、もしくは稽古事が第一になりつつある。

東日本大震災時の募金活動

2011年3月11日に発生した東日本大震災に際して、日本語学校の5人の若い母親達は、その直後から救援基金の組織を立ち上げ、子供達を含め一団となって募金活動を始めた。ボトル・ドライブ（各家庭を回って空き缶、空きビンを集める）などの日本語学校独自の取り組みに加え、南アルバータ仏教会、レスブリッジ日系合同教会、日系文化協会、沖縄県人会、南アルバータ新移住者協会との共同基金活動「Japan Disaster Relief Fund」では、ベークセール（パン・クッキー・饅頭などを手作りして売る）、Tシャツの販売などを行った。祖国の被害状況を憂慮し、積極的な活動を行なう日本語学校の母親や子供達、そして日系団体の趣旨に賛同する多くの人々から寄付が寄せられた。集まった多額の寄付金は、カルガリーの総領事館を通じて日本赤十字社に贈られた。この一連の活動は、日本語学校としての一体感を強めることになった。

第6章　酪農家生活を振り返って

妻の立場

　1970年、河井が初めてアメリカを訪れ、酪農場での研修の中で強い印象を受けたように、カナダの酪農家も、夫が働き、妻は専業主婦というのが一般的である。結婚の際に、河井もそのスタイルを踏襲するとちよ子に約束し、それは完ぺきなまでに守られた。ちよ子は、農場の機械に触ることすらなかった。

　河井牧場を訪れる日本の専門家達は、北海道の酪農家の妻との違いに非常に驚き、「奥さんは働いていない」などと、誤解されるような文章で河井牧場を紹介することも何度かあり、ちよ子は日本における酪農家の妻の苦労をようやく知った。その代わり、家庭のことは任せたという河井の期待に応え、家事や育児をこなし、河井の健康管理にも気を配った。

　結婚当初とは違い、ちよ子は徐々にカナダの生活に慣れ、日本では味わうことがなかった楽しみや喜びを見出した。アルバータの真青な空、地平線まで広がる大地、成長する子供達、心やさしい日系人の輪。その内、東京時代のブランド品やハイヒール、両親の心づくしの着物などはもっぱらスニーカーやTシャツとジーンズに取って代わった。銀座で連日飲み歩いていたちよ子の酒好きも、下戸で大の甘党の河井と暮らす内に、いつの間にか消え去った。

広がる日系の輪

レスブリッジ及びその周辺は、戦前から日本の移民が多い地域だ。日系一世、二世の時代は、日本で十分な教育も受けられないままカナダに渡り、いきなり言葉の壁が立ちはだかり、差別も受けた。また、安い賃金で働き、貧しい暮らしを強いられた人々も多い。そんな中で、仏教会や県人会などの日本人同士の様々なコミュニティーが生まれ、仲間意識を持ち、情報交換をすることで人々の孤独感は薄らいで行った。

逆に、結婚と同時にカナダへ移住したものの馴染めず、帰国し、そのまま離婚する人々もいる。その場合、カナダの日系人社会の中に溶け込めず、友人もなく孤立している場合が多い。河井とちよ子は、結婚した直後から、戦前に渡って来た一世の藤田春太郎・たみ子夫妻との交流が始まり、夫妻が亡くなるまで続いた。藤田と河井は親子ほどの年齢差があるものの、同じ一世として、また、農業・酪農経営者として、考え方が共通するものがあった。

近年も若い移住者達が生活の場を求めてやって来る。日本人女性の国際結婚も多い。戦前の一世、二世の考え方が河井とは違うように、彼等はさらに、河井とは異なるタイプの移住者達である。日本で高等教育を受け、英語も上手く、異文化への適応力もある。従って、年収の良い安定した仕事に就くチャンスも多い。

中には日本の親からの援助を受ける場合もあるが、通常、若い夫婦は共働きをしながら頭金を貯め、住宅ローンを組み、日本と比べてはるかに広い土地を買うことができる。青々とした芝生の庭が広がる、二階建ての大きな家が持てる。

河井とちよ子はそんな若い家族とも交流し、頼りになる先輩であり、時には両親の様な、またやさしい祖父母の様な心の拠り所となっている。2010年8月、日頃親しくしている7家族、24名が河井夫妻結婚30周年と河井のリタイアを兼ねた祝賀パーティーを開いてくれた。

いつの頃からか、酪農経営者としての河井の名前も広く知られるようになり、エドモントンにある日本領事館から何度か緊急の依頼を受けたこともある。

その中の一つ。1996年9月、副領事から第一報が入った。

レスブリッジ市郊外で、日本人留学生を含む5人の乗る車が走行中、砂利道でハンドルを取られ、そのまま回転して裏返しの状態で畑の中に落ちた。一人の日本人女子留学生が、車から半分飛び出して即死したという。エドモントンからレスブリッジまでは、車で5時間かかるため、河井に事故の処理を一任したいということだった。駆けつけた家族への対応、警察からの状況説明、遺体確認、葬儀の手続き、ホームステイ先との話し合いなど、河井は通訳兼運転手として遺族に付き添い、一週間を費やして処理を終えた。

多くの若者達が河井牧場を訪れた。牛の鳴声を聞きながら､広々としたのどかな酪農場で、短期・長期を問わず河井一家と共に過ごした。酪農を学びたい学生、ファームステイを楽しむ女性達、病んだ心を癒しに来た青年など、様々だった。

中にはそのまま海外での生活を選ぶ人もいるが、大方の人が滞在を終えると日本に戻り、それぞれの人生を歩んでいる。河井夫婦は日本で、彼等の成長した姿を見る機会も多く、再びレスブリッジを訪ねて来る人もいる。

河井の出身大学、酪農学園大学内にあるアルバータ酪農技術協会からの留学生、またレスブリッジ大学との交換制度で来る北海学園の留学生や教授達とのつながりも現在まで続く。

「人々との出会いは、酪農業の副産物であり、大切な財産だ」
と夫婦は言う。

リタイア

２０１０年夏、河井は３０年に及ぶ酪農家生活に終止符を打った。６６歳だった。クォータを売り、また牛も数頭だけを残してすべて売却した。億万長者の誕生である。

現在も住み慣れた牧場で、ちよ子と数十匹の猫と共に暮らす。長年酷使した身体を休めながら、早朝のジョギングと朝夕2回の猫の給餌が日課になった。子供達はすでに独立し、賢は、連邦政府の食物検査技師（Canadian Food Inspection Agency の Officer）に、また、玲は、幼い頃からの夢であったアルバータ州の保安官(Peace Officer)になった。忙しい合間を縫っては、牧場に顔を見せてくれる。

リタイア後、河井は2度にわたり母校の酪農学園大学で講演を行った。出席者の多くが、カナダでの酪農経営に関心を持ち、特に資金のほとんどない中でいかにしてやって来たか、どのようにトラブルを切り抜けて来たかに注目が集まった。

１９７０年、加藤君とアメリカに出発してから４０年が経った。河井は、酪農家での実習の後、ニューヨークへ移った加藤君とその後何度か会っていたが、１９７３年後半に加藤君は日本へ帰国。宇都宮大学大学院へ進学し、現在は、東京医療学院大学の教壇に立つ。

一方、河井は１９７４年にカナダへ渡り、酪農家として生きて来た。別々の人生を歩んだ二人だが、交流は今も続く。

河井は言う。

「カナダには本当に感謝している。カナダが移民の国だったからこそ、僕を受け入れてくれた。差別も感じなかった。でなければ、僕は今ここにこうしていることはできないだろう」

かつて世界を放浪した河井だが、高校生の時からシルクロードに興味を持ち、一度は行ってみたいという思いを抱いたまま今日まで来た。カナダでの生活も一つの区切りを迎え、資金もできたので、西安とタクラマカン砂漠の西端にあるカシュガル間を何回かに分け、数年を費やしてゆっくりと旅してみたいと計画している。

（完）

あとがき

日本から見たカナダのイメージは、「カナディアン・ロッキー」「ナイアガラの滝」「赤毛のアン」などに代表されるであろう。

この春から始まった、「赤毛のアン」の翻訳家・村岡花子を主人公としたＮＨＫ連続テレビ小説「花子とアン」が話題になっている。

その「赤毛のアン」の舞台となっているのが、カナダ東部にある緑豊かな美しい島、プリンス・エドワード島である。孤児で想像力豊かなアン・シャーリーが織りなす「赤毛のアン」が、日本の４０代以上の女性の愛読書となっていることは、現地カナダではよく知られている。

カナダは移民からなる若い国である。多文化主義、モザイク国家といわれ、２００以上の民族が共に暮らすこの国では、一歩外に出ると様々な顔立ちの人々とすれ違い、聞こえて来る彼等の話し言葉も異なる。

家族とともに初めてカナダの大地に降り立った１９９２年以来、カナダとのつながりができ、日本との往来が始まった。その中でも、バンクーバーで暮らした1998年からの2年半の間には、カナダ人との何気ない会話の中で移民の話を聞く機会が幾度となくあった。それはほんの片鱗ではあったが、今なお生々しい体験談であり、私はそこにストーリー性を感じ非常に興味をかき立てられた。日系移民とヨーロッパからの移民、それぞれが踏んだカナダへの定着の過程を追い、日系移民がいかに過酷な日々を送ったか、ヨーロッパからの人々の暮らしはどうであったかなどを比較してみたいと思った。それが本書を書くきっかけである。

とはいえ、どの家族にスポットライトを当てるかという点では、家系を深掘りすることになるので、スムーズには行かなかった。あっさりと断られたフランス系の子孫もいる。台湾で財をなし、多額の現金をカナダに持ち込む企業移民になって近年移住して来た家族の例は、聴取の終盤まで来たところで断念せざるを得なかった。語り部としての当人に、自分史としてまとめたい意欲が出て来たためである。

今回、ポーランド・ベルギー・日本の4家族から承諾を得て、日本とカナダを行き来しながら聴き取り調査を開始した。中には話が100年以上も前に遡ることもあり、また英語でのインタビューの難しさも加わり、オーラルヒストリー（語り伝えられて来た歴史）の調査が如何に困難であるか、また時間を要するかということを思い知らされた。

不慣れなインタビューと実地調査に約7年を費やした。オーラルヒストリーの調査は、言うまでもなくインタビューする側とされる側との信頼関係があってようやく成立する。非常にデリケートな話にも触れることが多々あったが、私を信頼し、登場するすべての人物を実名で書くことに同意し、度重なるインタビューに快く応じてもらった。第I部のロージー・クリロと3人の子供達エドワード・ヘレン・バレリー、第II部のリリアン・キャンベルと弟のレニー、第III部の藤田春太郎・たみ子夫妻と娘のひろ子、そして第IV部の河井良夫・ちよ子夫妻の篤実さと広量には、お礼の言葉もないくらいである。

今年に入り、各国の移民政策が変わりつつある。新聞各紙によると、日本政府は年間20万人の移民の受け入れを検討していると発表した。少子高齢化による労働力不足を補うための外国人労働者の受け入れである。

また逆にカナダ政府は、現在までの移民プログラムを廃止する方針だという。外国人富裕層に永住権を与え、国内に落としてくれる税収を期待したが、思うような成果は上がらなかったものと思われる。

　植民時代も含め移民の歴史は長いが、決して過去のものではない。移住の目的も多様化し、新しいタイプの移民が世界中を動く。お金、物、情報などとは違い、移民は自分達の文化を携えて渡って来る。当然ながらそこには、それぞれに類例のない固有の物語が生まれることだろう。本書が、穏やかに暮らす市井の人々にも、尽きせぬ移民物語のあることをあらためて知るよすがともなれば幸いである。

　出版にあたり、叢文社の伊藤太文会長、佐藤由美子編集長には格別のご厚情を寄せていただいた。末筆ながら、深い謝意を表したい。

２０１４年７月

末永　和子

カナダ略図

グリーンランド
ニューファンドランド＆ラブラドル州
ケベック州
ニューファンドランド島
プリンスエドワード島
ノバスコシア州
ケベック
セントジョン
ハリファクス
ンタリオ州
モントリオール
オタワ
大西洋
トロント
ニューブランズウィック州
ニューヨーク

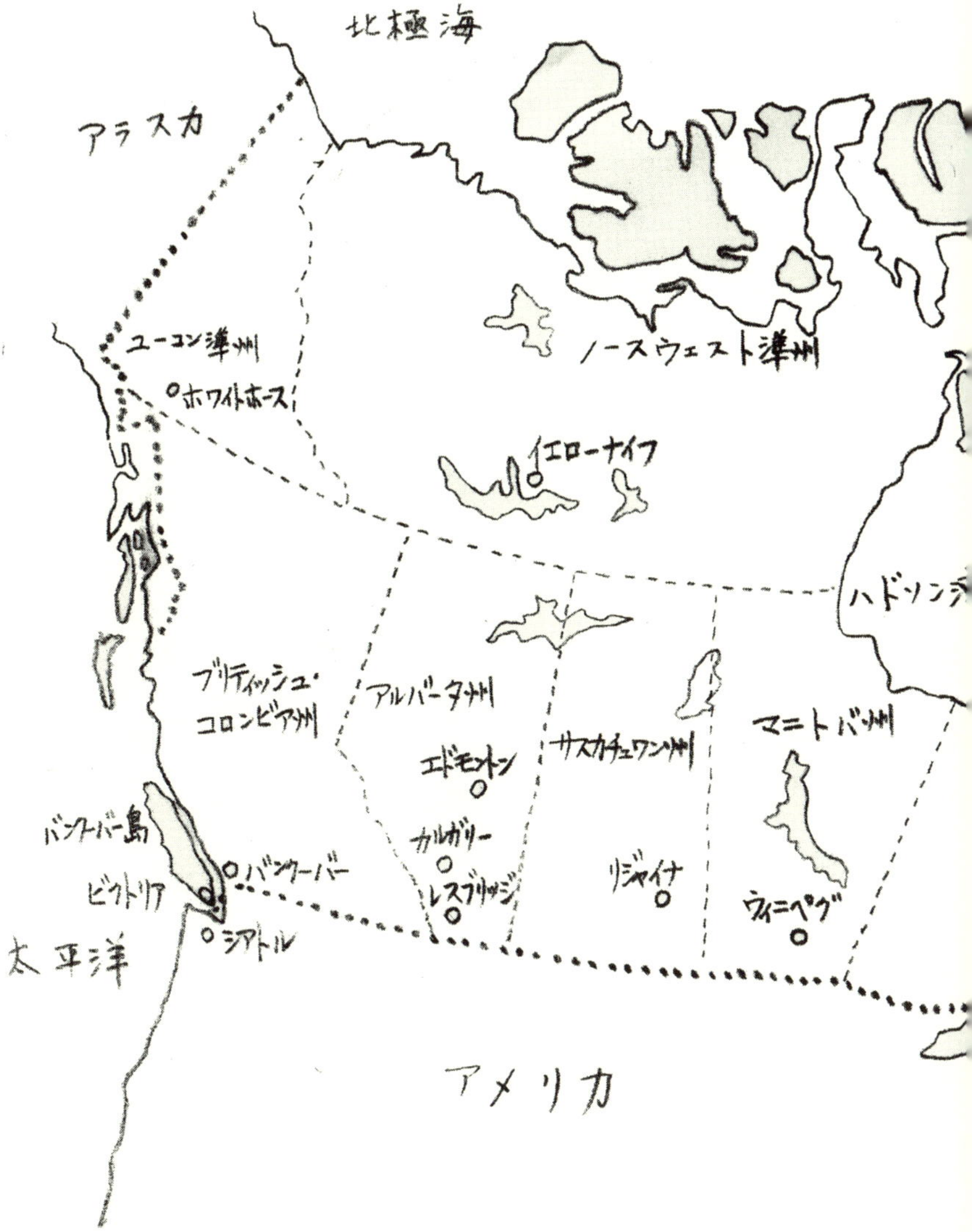
北極海
アラスカ
ユーコン準州
ホワイトホース
ノースウェスト準州
イエローナイフ
ハドソン湾
ブリティッシュ・
コロンビア州
アルバータ州
マニトバ州
サスカチュワン州
エドモントン
カルガリー
レスブリッジ
リジャイナ
ウィニペグ
バンクーバー島
バンクーバー
ビクトリア
シアトル
太平洋
アメリカ

著者／末永　和子（すえなが・かずこ）

エッセイスト
鳥取県出身
駒澤大学文学部卒業
駒澤大学同窓会派遣講師
1992 年以降2013 年までカナダ渡航をつづけ、その間、1998 年～ 2000 年はバンクーバーに居住
第 3 回世界水フォーラムにボランティア英語通訳として参加
京都市在住
主な著書 『扉をあけると―カナダロングステイ850 日―』（叢文社）

カナダを耕した家族の物語
―ヨーロッパから、そして日本から―

発　行　二〇一四年七月二五日　第一刷

著　者　末永和子
発行人　伊藤太文
発行元　株式会社叢文社
東京都文京区関口一―四七―一二
〒一一二―〇〇一四
電話　〇三（三五一三）五二八五
印　刷　モリモト印刷

ISBN978-4-7947-0727-7